CYFRES BEIRDD YR UCHELWYR

Gwaith Prydydd Breuan,
Rhys ap Dafydd ab Einion, Hywel Ystorm,
a cherddi dychan dienw o Lyfr Coch Hergest

GWAITH PRYDYDD BREUAN, RHYS AP DAFYDD AB EINION, HYWEL YSTORM, A CHERDDI DYCHAN DIENW O LYFR COCH HERGEST

golygwyd gan

HUW MEIRION EDWARDS

ABERYSTWYTH
CANOLFAN UWCHEFRYDIAU CYMREIG A CHELTAIDD
PRIFYSGOL CYMRU
2000

Ⓟ Prifysgol Cymru ©, 2000.

Y mae cofnod catalogio'r llyfr hwn ar gael gan y Llyfrgell Brydeinig.

ISBN 0 947531 21 1

Cysodwyd gan staff Canolfan Uwchefrydiau Cymreig a Cheltaidd Prifysgol Cymru.
Argraffwyd gan Bookcraft, Midsomer Norton.

Dull y golygu

Ceir testun pob un o'r cerddi, ac eithrio cerdd 4, yn Llyfr Coch Hergest, a chan mai dyma yw ffynhonnell yr holl gopïau diweddarach o'r cerddi hyn, ni ddangoswyd darlleniadau amrywiol ohonynt. Os diwygir darlleniad yn nhestun y Llyfr Coch, dangosir y darlleniad gwreiddiol ar waelod y testun. Ceir testun cerdd 4 mewn tair llawysgrif yn dyddio o ail hanner yr unfed ganrif ar bymtheg ymlaen, ac y mae'r tri thestun yn debyg iawn i'w gilydd.

Cyflwynir y testun mewn orgraff Cymraeg Diweddar ac wedi ei briflythrennu a'i atalnodi. Diweddarwyd orgraff a sain geiriau, oni bai fod y gynghanedd yn gofyn am sain Gymraeg Canol (gw. GDG³ xlvi); er enghraifft, diweddarwyd *-aw-*, *-aw* yn *o* pan oedd angen (oni bai fod yr odl yn hawlio cadw'r *aw*) ac *-ei-*, *-ei* yn *ai*. Ond ni ddiweddarwyd ffurfiau Cymraeg Canol dilys megis *fal*, *no*(*g*), *uddun* (sef 'iddynt'), *gwedy*, *ymy*, *yty* (sef 'imi', 'iti'), *wyd* (sef 'wyt'), *carud*, *cery*, &c.

Yn y Mynegai ar ddiwedd gwaith pob bardd rhestrir pob gair a drafodir yn y nodiadau (nodir hynny ag 'n'); rhestrir hefyd rai geiriau dieithr, yn enwedig os nad ydynt yn ymddangos yn y *Geiriadur Mawr*, a hefyd eiriau arwyddocaol a rhai sy'n digwydd mewn ystyr wahanol i'r ystyr a roddir ar eu cyfer yno. Rhoddir llythyren fechan i bob enw cyffredin, er bod rhai enwau â phriflythyren yn y testun pan gyfeiriant at Dduw, Crist neu'r Drindod.

Diolchiadau

Cydnabyddir yn ddiolchgar gymorth y canlynol wrth baratoi'r gyfrol hon: Ymddiriedolaeth Leverhulme; Golygydd y gyfres, Dr Ann Parry Owen, a'r Golygydd Ymgynghorol, yr Athro R. Geraint Gruffydd; aelodau'r Bwrdd Golygyddol; Golygydd a staff Geiriadur Prifysgol Cymru; a staff Adran y Llawysgrifau a'r Cofysgrifau yn Llyfrgell Genedlaethol Cymru, Aberystwyth.

Cynnwys

Byrfoddau

Llyfryddol

AB	Edward Lhuyd, *Archæologia Britannica* (Oxford, 1707)
B	*Bwletin y Bwrdd Gwybodau Celtaidd*, 1921–93
P.C. Bartrum: WG1	P.C. Bartrum, *Welsh Genealogies AD 300–1400* (Cardiff, 1974)
P.C. Bartrum: WG2	P.C. Bartrum, *Welsh Genealogies AD 1400–1500* (Aberystwyth, 1983)
BaTh	*Beirdd a Thywysogion: Barddoniaeth Llys yng Nghymru, Iwerddon a'r Alban*, gol. Morfydd E. Owen a Brynley F. Roberts (Caerdydd ac Aberystwyth, 1996)
BD	*Brut Dingestow*, gol. Henry Lewis (Caerdydd, 1942)
BDG	*Barddoniaeth Dafydd ab Gwilym*, gol. Owen Jones a William Owen (Llundain, 1789)
BL Add	Llawysgrif Ychwanegol yng nghasgliad y Llyfrgell Brydeinig, Llundain
Bl BGCC	*Blodeugerdd Barddas o Ganu Crefyddol Cynnar*, gol. Marged Haycock (Llandybïe, 1994)
Bl B XIV	*Blodeugerdd Barddas o'r Bedwaredd Ganrif ar Ddeg*, gol. Dafydd Johnston (Llandybïe, 1989)
BRh	*Breudwyt Ronabwy*, gol. Melville Richards (Caerdydd, 1948)
BT	*Brut y Tywysogyon Peniarth Ms. 20*, gol. Thomas Jones (Caerdydd, 1941)
ByCy	*Y Bywgraffiadur Cymreig hyd 1940* (Llundain, 1953)
CA	*Canu Aneirin*, gol. Ifor Williams (Caerdydd, 1938)

CAMBM	*Catalogue of Additions to the Manuscripts in the British Museum*
Card	Llawysgrif yn Llyfrgell Ganolog Caerdydd
CC	*The Cefn Coch MSS.*, ed. J. Fisher (Liverpool, 1899)
CLC²	*Cydymaith i Lenyddiaeth Cymru*, gol. Meic Stephens (ail arg., Caerdydd, 1997)
CLlH	*Canu Llywarch Hen*, gol. Ifor Williams (Caerdydd, 1935)
CMCS	*Cambridge Medieval Celtic Studies*, 1981–1993; *Cambrian Medieval Celtic Studies*, 1993—
CO³	*Culhwch ac Olwen*, gol. Rachel Bromwich a D. Simon Evans (Caerdydd, 1997)
Cy	*Y Cymmrodor, The Magazine of the Honourable Society of Cymmrodorion*, 1877–1951
Cylchg LlGC	*Cylchgrawn Llyfrgell Genedlaethol Cymru*, 1939–
ChO	*Chwedlau Odo*, gol. Ifor Williams (Wrecsam, 1926)
D	*Dictionarium Duplex*, ed. John Davies (Londinium, 1632)
R.R. Davies: CCC	R.R. Davies, *Conquest, Coexistence, and Change: Wales 1063–1415* (Oxford and Cardiff, 1987)
DE	*Gwaith Dafydd ab Edmwnd*, gol. Thomas Roberts (Bangor, 1914)
Deut	'Deuteronomium' yn yr Hen Destament
DGG²	*Cywyddau Dafydd ap Gwilym a'i Gyfoeswyr*, gol. Ifor Williams a Thomas Roberts (ail arg., Caerdydd, 1935)
DGIA	H.M. Edwards, *Dafydd ap Gwilym: Influences and Analogues* (Oxford, 1996)
DN	*The Poetical Works of Dafydd Nanmor*, ed. Thomas Roberts and Ifor Williams (Cardiff and London, 1923)
DrOC	*Drych yr Oesoedd Canol*, gol. Nesta Lloyd a Morfydd E. Owen (Caerdydd, 1986)

EANC	R.J. Thomas, *Enwau Afonydd a Nentydd Cymru* (Caerdydd, 1938)
Ecs	'Ecsodus' yn yr Hen Destament
EEW	T.H. Parry-Williams, *The English Element in Welsh* (London, 1923)
ETG	Melville Richards, *Enwau Tir a Gwlad*, gol. Bedwyr Lewis Jones (Caernarfon, 1998)
EWGT	*Early Welsh Genealogical Tracts*, ed. P.C. Bartrum (Cardiff, 1966)
G	*Geirfa Barddoniaeth Gynnar Gymraeg*, gol. J. Lloyd-Jones (Caerdydd, 1931–63)
GBDd	*Gwaith Bleddyn Ddu*, gol. R. Iestyn Daniel (Aberystwyth, 1994)
GBF	*Gwaith Bleddyn Fardd a Beirdd Eraill Ail Hanner y Drydedd Ganrif ar Ddeg*, gol. Rhian M. Andrews *et al.* (Caerdydd, 1996)
GC	*Gwaith Casnodyn*, gol. R. Iestyn Daniel (Aberystwyth, 1999)
GCBM i	*Gwaith Cynddelw Brydydd Mawr*, i, gol. Nerys Ann Jones ac Ann Parry Owen (Caerdydd, 1991)
GCBM ii	*Gwaith Cynddelw Brydydd Mawr*, ii, gol. Nerys Ann Jones ac Ann Parry Owen (Caerdydd, 1995)
GDB	*Gwaith Dafydd Benfras ac Eraill o Feirdd Hanner Cyntaf y Drydedd Ganrif ar Ddeg*, gol. N.G. Costigan (Bosco) *et al.* (Caerdydd, 1995)
GDD	*A Glossary of the Demetian Dialect*, ed. W. Meredith Morris (Tonypandy, 1910)
GDG³	*Gwaith Dafydd ap Gwilym*, gol. Thomas Parry (trydydd arg., Caerdydd, 1979)
Gen	'Genesis' yn yr Hen Destament
GEO	*Gwaith Einion Offeiriad a Dafydd Ddu o Hiraddug*, gol. R. Geraint Gruffydd a Rhiannon Ifans (Aberystwyth, 1997)

GGDT	*Gwaith Gruffudd ap Dafydd ap Tudur, Gwilym Ddu o Arfon, Trahaearn Brydydd Mawr ac Iorwerth Beli*, gol. N.G. Costigan (Bosco) *et al.* (Aberystwyth, 1995)
GGl²	*Gwaith Guto'r Glyn*, gol. J. Llywelyn Williams ac Ifor Williams (ail arg., Caerdydd, 1961)
GIBH	*Gwaith Ieuan Brydydd Hir*, gol. M. Paul Bryant-Quinn (Aberystwyth, 2000)
GIG	*Gwaith Iolo Goch*, gol. D.R. Johnston (Caerdydd, 1988)
GLGC	*Gwaith Lewys Glyn Cothi*, gol. Dafydd Johnston (Caerdydd, 1995)
GLM	*Gwaith Lewys Môn*, gol. Eurys I. Rowlands (Caerdydd, 1975)
GLlBH	*Gwaith Llywelyn Brydydd Hoddnant, Dafydd ap Gwilym, Hillyn ac Eraill*, gol. Ann Parry Owen a Dylan Foster Evans (Aberystwyth, 1996)
GLlF	*Gwaith Llywelyn Fardd I ac Eraill o Feirdd y Ddeuddegfed Ganrif*, gol. Kathleen Anne Bramley *et al.* (Caerdydd, 1994)
GLlG	*Gwaith Llywelyn Goch ap Meurig Hen*, gol. Dafydd Johnston (Aberystwyth, 1998)
GLlLl	*Gwaith Llywarch ap Llywelyn 'Prydydd y Moch'*, gol. Elin Jones (Caerdydd, 1989)
GMB	*Gwaith Meilyr Brydydd a'i Ddisgynyddion*, gol. J.E. Caerwyn Williams *et al.* (Caerdydd, 1994)
GMW	D. Simon Evans, *A Grammar of Middle Welsh* (Dublin, 1964)
GO	*L'œuvre poétique de Gutun Owain*, gol. E. Bachellery (Paris, 1950–1)
GP	*Gramadegau'r Penceirddiaid*, gol. G.J. Williams ac E.J. Jones (Caerdydd, 1934)
GPC	*Geiriadur Prifysgol Cymru* (Caerdydd, 1950–)
R.A. Griffiths: PW i	R.A. Griffiths, *The Principality of Wales in the Later Middle Ages: i. South Wales 1277–1536* (Cardiff, 1972)

GSC   *Gwaith Siôn Ceri*, gol. A. Cynfael Lake (Aber-
               ystwyth, 1996)

GSCyf   *Gwaith Dafydd Bach ap Madog Wladaidd 'Sypyn
               Cyfeiliog' a Llywelyn ab y Moel*, gol. R. Iestyn
               Daniel (Aberystwyth, 1998)

GSRh   *Gwaith Sefnyn, Rhisierdyn, Gruffudd Fychan ap
               Gruffudd ab Ednyfed a Llywarch Bentwrch*, gol.
               Nerys Ann Jones ac Erwain Haf Rheinallt
               (Aberystwyth, 1995)

GST   *Gwaith Siôn Tudur*, gol. Enid Roberts (Caerdydd,
               1980)

GTP   *Gwaith Tudur Penllyn ac Ieuan ap Tudur Penllyn*,
               gol. Thomas Roberts (Caerdydd, 1958)

GWL ii   *A Guide to Welsh Literature: Volume 2*, ed.
               A.O.H. Jarman and G.R. Hughes (Llandybïe,
               1984)

Gwyn   Llawysgrif yng nghasgliad J. Gwyneddon Davies
               yn Llyfrgell Prifysgol Cymru, Bangor

HMNLW   *Handlist of Manuscripts in the National Library of
               Wales* (Aberystwyth, 1943–)

HMSS   *Selections from the Hengwrt MSS*, ed. Robert
               Williams (2 vols., London, 1876, 1892)

IGE²   *Cywyddau Iolo Goch ac Eraill*, gol. Henry Lewis,
               Thomas Roberts ac Ifor Williams (ail arg.,
               Caerdydd, 1937)

J   Llawysgrif   yng   nghasgliad   Coleg   Iesu,
               Rhydychen

KAA²   *Kedymdeithas Amlyn ac Amic*, gol. Patricia
               Williams (Caerdydd, 1982)

LBS   S. Baring-Gould and J. Fisher, *The Lives of the
               British Saints* (4 vols., London, 1907–13)

LL   *The Text of the Book of Llan Dâv*, ed. J. Gwenog-
               vryn Evans and John Rhŷs (Oxford, 1893)

LlA   *Llyvyr Agkyr Llandewivrevi, A.D. 1346*, ed.
               J. Morris-Jones and John Rhŷs (Oxford, 1894)

LlB   *Cyfreithiau Hywel Dda yn ôl Llyfr Blegywryd*, gol.
               S.J. Williams a J.E. Powell (Caerdydd, 1942)

LlDC	*Llyfr Du Caerfyrddin*, gol. A.O.H. Jarman (Caer-dydd, 1982)
LlGC	Llawysgrif yng nghasgliad Llyfrgell Genedlaethol Cymru, Aberystwyth
J.E. Lloyd: HW³	J.E. Lloyd, *A History of Wales* (third ed., London, 1939)
Llsgr R. Morris	*Llawysgrif Richard Morris o Gerddi*, gol. T.H. Parry-Williams (Caerdydd, 1931)
Llst	Llawysgrif yng nghasgliad Llanstephan, yn Llyfrgell Genedlaethol Cymru, Aberystwyth
MA²	*The Myvyrian Archaiology of Wales* (second ed., Denbigh, 1870)
ML	*The Letters of Lewis, Richard, William and John Morris, 1728–65*, ed. J.H. Davies (Aberystwyth, 1907–9)
MM	*Meddygon Myddveu*, ed. P. Diverres (Paris, 1913)
J. Morris-Jones: CD	John Morris-Jones, *Cerdd Dafod* (Rhydychen, 1925)
Mos	Llawysgrif yng nghasgliad Mostyn, yn Llyfrgell Genedlaethol Cymru, Aberystwyth
OED²	*The Oxford English Dictionary* (second ed., Oxford 1989)
P	*A Welsh and English Dictionary*, ed. W. Owen-Pughe (London, 1793–1803)
Pen	Llawysgrif yng nghasgliad Peniarth, yn Llyfrgell Genedlaethol Cymru, Aberystwyth
PKM	*Pedeir Keinc y Mabinogi*, gol. Ifor Williams (Caerdydd, 1930)
PNP	B.G. Charles, *The Place-names of Pembrokeshire* (Aberystwyth, 1992)
R	*The Poetry in the Red Book of Hergest*, ed. J. Gwenogvryn Evans (Llanbedrog, 1911)
RB	*The Text of the Bruts from the Red Book of Hergest*, ed. J. Rhŷs and J. Gwenogvryn Evans (Oxford, 1890)

RM   *The Text of the Mabinogion … from the Red Book of Hergest*, ed. J. Rhŷs and J. Gwenogvryn Evans (Oxford, 1887)

RWM   *Report on Manuscripts in the Welsh Language*, ed. J. Gwenogvryn Evans (London, 1898–1910)

W. Salesbury: LlM   William Salesbury, *Llysieulyfr Meddyginiaethol*, ed. E.S. Roberts (Liverpool, 1916)

W. Salesbury: OSP   William Salesbury, *Oll Synnwyr pen Kembero ygyd* (Llundain, 1547; adargraffiad Bangor, 1902)

T   *The Book of Taliesin*, ed. J. Gwenogvryn Evans (Llanbedrog, 1910)

TA   *Gwaith Tudur Aled*, gol. T. Gwynn Jones (Caerdydd, 1926)

TLlM   G.J. Williams, *Traddodiad Llenyddol Morgannwg* (Caerdydd, 1948)

Treigladau   T.J. Morgan, *Y Treigladau a'u Cystrawen* (Caerdydd, 1952)

TW   Geiriadur Syr Thomas Wiliems, *Thesaurus Linguæ Latinæ et Cambrobritannicæ* yn Pen 228

TYP²   *Trioedd Ynys Prydein*, ed. Rachel Bromwich (second ed., Cardiff, 1978)

WATU   Melville Richards, *Welsh Administrative and Territorial Units* (Cardiff, 1969)

I. Williams: ELl   I. Williams, *Enwau Lleoedd* (Lerpwl, 1945)

WM   *The White Book Mabinogion*, ed. J. Gwenogvryn Evans (Pwllheli, 1907; adargraffiad Caerdydd, 1973)

WML   A.W. Wade-Evans, *Welsh Medieval Law* (Oxford, 1909)

WS   *A Dictionary in Englyshe and Welshe*, ed. William Salesbury (London, 1547; adargraffiad 1877, 1969)

YCM²   *Ystorya de Carolo Magno*, gol. Stephen J. Williams (ail arg., Caerdydd, 1968)

YEPWC   *Ymryson Edmwnd Prys a Wiliam Cynwal*, gol. Gruffydd Aled Williams (Caerdydd, 1986)

YSG   *Ystoryaeu Seint Greal*, gol. Thomas Jones (Caerdydd, 1992)

Termau a geiriau

a.	ansoddair, -eiriol	gol.	golygydd, golygwyd
adf.	adferf		gan
amhff.	amherffaith	grch.	gorchmynnol
amhrs.	amhersonol	grff.	gorffennol
ardd.	arddodiad, -iaid	gthg.	gwrthgyferbynier, -iol
arg.	argraffiad	gw.	gweler
art.cit.	*articulo citato*	Gwydd.	Gwyddeleg
b.	benywaidd	H.	Hen
ba.	berf anghyflawn	h.y.	hynny yw
be.	berfenw	*ib.*	*ibidem*
bf. (f.)	berf, -au	*id.*	*idem*
Brth.	Brythoneg, Brythonig	IE.	Indo-Ewropeg, Indo-Ewropaidd
c.	*circa*		
c. (g.)	canrif	*l.c.*	*loco citato*
C.	Canol	ll.	lluosog; llinell
cf.	cymharer	Llad.	Lladin
cfrt.	gradd gyfartal	llau.	llinellau
cmhr.	gradd gymharol	llsgr.	llawysgrif
Crn.	Cernyweg, Cernywaidd	Llyd.	Llydaweg
		m.	mewnol
d.g.	dan y gair	myn.	mynegol
dib.	dibynnol	n.	nodyn
Diw.	diweddar	neg.	negydd, -ol
e.	enw	*op.cit.*	*opere citato*
eb.	enw benywaidd	prs.	person, -ol
e.c.	enw cyffredin	pth.	perthynol
ed.	*edited by, edition*	r	*recto*
e.e.	er enghraifft	rh.	rhagenw, -ol
eg.	enw gwrywaidd	rhgdd.	rhagddodiad
elf.	elfen, -nau	rhif.	rhifol
e.p.	enw priod	S.	Saesneg
et al.	*et alii*	taf.	tafodieithol
ffig.	ffigurol	td.	tudalen
Ffr.	Ffrangeg	un.	unigol
g.	(c.) canrif	v	*verso*
g.	gwrywaidd	vols.	volumes
gn.	geiryn	ymad.	ymadrodd

GWAITH
PRYDYDD BREUAN

Rhagymadrodd

Gellir cywain rhywfaint o wybodaeth am Brydydd Breuan ar sail ei enw, ynghyd â'r pedair cerdd a briodolir iddo. Ceir Trefreuan yn ardal Llanarthne yn sir Gaerfyrddin,[1] heb fod ymhell i'r dwyrain o gwmwd Derllys, sef bro Maredudd o Ynys Derllys a folir yng ngherdd 1. Awgryma tystiolaeth cerddi 2 a 3, fodd bynnag, fod dadl gryfach o lawer dros ei gysylltu â Dyffryn Breuan, maenor yng nghwmwd Emlyn Is Cuch yng ngogledd Penfro.[2] Yn ei gyfrol *Enwau Afonydd a Nentydd Cymru* y mae R.J. Thomas yn rhestru rhai o'r cyfenwau a'r enwau barddol a ddeilliodd o enwau afonydd a nentydd, ac uniaetha'r enw Prydydd Breuan â'r nant sy'n codi ger Cwm-y-betws i'r gogledd-ddwyrain o Eglwyswrw ac yn rhedeg drwy'r fro a elwid gynt Dyffryn Breuan ger Llantwyd, heibio i Felin Freuan i Deifi wrth Gastell Sidan i'r dwyrain o Aberteifi.[3] Wrth gyrchu cartref rhyw noddwr anhysbys yn *hoywfro Gynllaw*[4] i ganu ei awdl ddychan i Darre (cerdd 2), y mae'n debyg nad oedd raid i'r bardd deithio ond ychydig filltiroedd i gyfeiriad y gogledd-ddwyrain, i ardal Llangynllo yng ngwaelod sir Aberteifi, a bwrdeistref Aberteifi oedd cartref Siwan Morgan a ddychenir yng ngherdd 3. Cyfeiria at seintiau a gysylltir â gogledd Penfro a de Ceredigion: tynga yn enw Cynllo,[5] a thestun llawenydd i Fyrnach ei hun, meddir, oedd llofruddio Tarre, a ffurf yw honno ar enw'r sant Brynach a welir yn enw plwyf Llanfyrnach ryw ychydig i'r de o Ddyffryn Breuan.[6]

Gwaith anos yw ceisio penderfynu ym mha ran o'r bedwaredd ganrif ar ddeg y canai'r bardd. 1400 oedd cyfnod ei flodeuo, yn ôl y rhestr o feirdd a'u dyddiadau a geir ar ddiwedd geiriadur John Davies, Mallwyd (D), ond 1290–1340 a gynigir gan olygyddion y *Myvyrian Archaiology*, lle y cynhwysir yr awdl i Faredudd.[7] Yr unig dystiolaeth a allai fod yn gymorth i ddyddio'r bardd yw enw gwrthrych y gerdd honno a'i gartref, Maredudd o

---

[1] WATU 209.

[2] *Ib.* 62. Enwir Dyffryn Breuan yn awdl foliant Lewys Glyn Cothi i Ruffudd ap Hywel a'i wraig Siân, GLGC 198 (86.28); ymddengys fod Gruffudd yn gwnstabl Castell Cilgerran pan ganwyd yr awdl, gw. *ib.* 564. Cadwyd yr enw yn y ffurf 'Broyan', enw fferm ym mhentref Pen-y-bryn sydd ryw filltir o Gilgerran.

[3] EANC 41–2. Ymhellach ar Afon Breuan (Afon Piliau bellach) a 'Dyffryn Broyan', gw. PNP 4–5, 90–1. O'r 14g. y daw'r enghreifftiau cynharaf o'r enwau hyn.

[4] 2.8. Y mae Lewys Glyn Cothi yn erchi nawdd Cynllo, ymhlith eraill, yn ei foliant i Ruffudd ap Hywel a Siân o Ddyffryn Breuan, gw. troednodyn 2 uchod.

[5] Gw. 3.24n. Fodd bynnag, â sir Gaerfyrddin y cysylltir y santes Tybïe a enwir yn yr un ll., gw. *ib.n.*

[6] Gw. 2.32n.

[7] MA² xi, 327; dilynir hwy gan D. Simon Evans yn GMW xxvii.

Ynys Derllys. Os cywir yw uniaethu'r noddwr â Maredudd ab Ieuan ap
Llywelyn Foel a ddaliodd swydd rhingyll yng nghwmwd Elfed (a weinyddid
ynghyd â chwmwd Derllys) am ysbeidiau rhwng 1336 ac 1350, yna yr oedd
Prydydd Breuan yn ei flodau tua ail chwarter neu ganol y bedwaredd ganrif
ar ddeg.[8] Ond yn niffyg tystiolaeth gadarnach, ni ellir pwyso'n rhy drwm ar
yr awgrym hwn.

Yr awdl honno yw'r unig gerdd fawl a gadwyd o'i waith. Molir
Maredudd yn y dull traddodiadol, gan ddyrchafu ei ffyrnigrwydd ar faes y
gad a'i haelioni digymar gartref ar lawr Ynys Derllys. Cerddi dychan yw'r
gweddill, ac y mae'n amlwg ei fod yn llawn cymaint o feistr ar ieithwedd a
delweddaeth dra gwahanol y traddodiad hwnnw. Y mae'r awdl ddychan i
Darre, a oedd yn delynor yn ôl pob tebyg, yn enghraifft brin o farwnad
ddychanol sy'n llwyddo i wyrdroi'n llwyr y math o ddarlun delfrydol a
fyddai mor gyfarwydd i gynulleidfa'r cyfnod ym marwnadau'r beirdd. Yr
un mor ddiddorol yw'r awdl ddychan i Siwan Morgan o Aberteifi, gan mai
cymharol brin, unwaith eto, yw'r dychan i ferched o'r cyfnod hwn. Os
credwn y bardd, talu'r pwyth y mae am dwyll y ferch hon yn ei erbyn, ac y
mae'r awdl gyda'r dychan mwyaf milain bersonol yn Llyfr Coch Hergest.
Yn olaf, yr englyn proest gorchestol i Goch y Delyn yw'r unig gerdd nas
cadwyd yn y Llyfr Coch, ac, fel y gwelir isod, y mae iddi nodweddion sy'n
bwrw peth amheuaeth ar y priodoliad i Brydydd Breuan.

Dengys y gyfran fechan o'i ganu sydd wedi goroesi fod Prydydd Breuan
yn fardd medrus a chanddo feistrolaeth ar gryn amrywiaeth o fesurau
Cerdd Dafod. Mesur gwawdodyn a ddefnyddir yn bennaf yng ngherddi 1 a
3, ond canwyd cerdd 2 yn llwyr ar fesur cyhydedd hir. Cyplysir y
gwawdodyn ag englynion unodl union, ac, yng ngherdd 3, ag enghraifft
nodedig o awdl-gywydd digynghanedd yn ogystal. Cerdd 4 yw'r unig
enghraifft o englyn proest. Ceir ym mhob un o'r cerddi hyn gymeriad
llythrennol a chynganeddol cywrain, ac fel y disgwylid gan fardd o'r cyfnod
hwn, y mae gan Brydydd Breuan gyfran uchel o gynghanedd sain a chryn
nifer o gynganeddion pengoll.

---

[8] Gw. nodyn cefndir cerdd 1.

1

Moliant Maredudd o Ynys Derllys

Ardwyaf, profaf, prifwawd nis cyll,
Eurged rhaith yfed, nid rhwth efyll,
Aerddrud arth esgud wrth esgyll—ongyr,
    Eryr rhodd bybyr mywn rhwydd bebyll.

4

Gŵr gwrol fydd ef pan fo yn sefyll,
Gŵr gwawdlwydd gyllid, gwaedliw gyllyll,
Gŵr a ddaw o'i law lafn estyll—awchgrai,
    O'i wanas difai win ystefyll.

8

Nid gair anghyfan, difan defyll,
Nid gŵr cyfagos gair Cyfegyll,
Nid gwerthfudd pwystudd, pistyll—gwin a'n dawl,
    Nid gwarthfar fantawl, gwerthfawr fentyll.

12

Glew llew llid Merfyn is bryn, bryd cyll,
Gloyw dëyrn cedyrn, cadoedd a hyll,
Glaif trabludd cystudd, cestyll—Rhos helcud,
    Glud rwyddbair tradrud, ruddbar tridryll.

16

Un gynnydd peunydd gwinwydd gwynwyll,
Un profiad angad, Einglwyr a dyll,
Un ddeddfau arfau, o erfyll—Prydain,
    Yn rhysedd Mechain â Rhys Mechyll.

20

Maredudd, cydfudd cydfod a syll,
Mawr adail cynnail, cynnydd Fferyll,
Marannedd bonedd benial, ffyll—gystlwn,
    Mur gwaywdwn ysgwn, ysgwyd wëyll.

24

Rhag pob drwg amlwg amlaen drythyll,
Rhwyg aerflawdd llwgrgawdd, Lloegrgad ddistyll,
Ei noddi, fy rhi, rhwyf gwersyll—pennaf,
    I'm Naf a archaf er Ei erchyll.

28

Llawr Ynys Derllys, nid arlludd—i'r byd
　　　Bod yno ddadannudd,
　　　Llawagored Faredudd,
32　　　Llary ffysg, un addysg â Nudd.

Nudd unfryd yng ngryd, yng ngraid rhyfel—trais
　　　Traws ddeddfau mab Echel,
　　　Niferllwydd rhwydd, rhodd nis cêl,
36　　　Naf cerdd uchaf, cardd ochel.

Ni ochel rhyfel, rhwyf argae—moliant,
　　　Bwrdd warant beirdd warae,
　　　Torfoedd barch, nid clod warchae,
40　　　Terrwyn llyw, mwyn y lle mae.

Lle mae cadair gair gwrawr,—maeth ardwy,
　　　Maith eurdeml pob cerddawr,
　　　Anant, mywn ardduniant mawr,
44　　　Awn Ynys Derllys dewrllawr.

Ffynonellau
A—BL Add 15001, 240ᵛ B—Card 4.140, 657 C—J 111, 1349 D—LlGC
4973B, 344ᵛ E—LlGC 21287B [= Iolo Aneurin Williams 1], 52ʳ F—Llst
133, 884 G—Llst 147, 255 (*o'r cefn*) H—Pen 118, 246

Seiliwyd y golygiad ar destun llawysgrif C, yr hynaf. Codwyd y gerdd i'r
holl lawysgrifau eraill un ai'n uniongyrchol neu'n anuniongyrchol ohoni.
Ymhellach ar y llawysgrifau, gw. isod tt. 151–2.

Darlleniadau'r llawysgrif
12 vyntaʊl. 26 llʊygyrgaʊd. 31 uaredyd. 40 tyrrʊyn. 43 anant mʊyn. 44 *yn
dilyn ceir y geiriau* vt supra *yn cyrchu dechrau'r gadwyn englynion.*

Teitl
C Prydyd breuan ae cant, E Prydydd Breuan ai cant i Faredudd o Dderllys.

Moliant Maredudd o Ynys Derllys

Gwarchodaf, profaf (nid yw'n amddifad o fawl rhagorol)
Rodd odidog pennaeth yfed, nid afalau crin,
Arth chwim, dewr mewn brwydr yn wyneb pelydr gwaywffyn,
4   Eryr gwych ei rodd mewn pabell lewyrchus.

Gŵr dewr fydd ef pan fo'n gwrthsefyll,
Gŵr a'i gyfoeth yn peri ffyniant barddoniaeth, a'i gyllyll yn
        waetgoch,
Gŵr y daw o'i law lafn [a bair] ddellt miniog,
8   O'i nawdd di-fai win ystafelloedd.

Nid gair [= addewid] toredig [yw'r eiddo], [ond] geiriau
        perffaith,
Nid oes gŵr a ddaw'n agos iddo ger Cyfegyll,
Nid elw ?arglwydd milain [ond] pistyll o win y mae'n ei rannu
        inni,
12   Nid [testun] cywilydd [yw'r hyn a rydd yn y] fantol, ond mentyll
        gwerthfawr.

Glew yw'r llew mor ffyrnig â Merfyn islaw bryn, a'i bryd fel
        coed cyll,
Arweinydd disglair ar ddewrion, dryllia fyddinoedd,
Picell terfysg brwydr [sy'n] erlid cestyll Rhos,
16   Arglwydd chwim, dyfal a dewr iawn, a'i waywffon goch wedi'i
        thorri'n dri.

Yr un mor ffyniannus beunydd â gwinwydd gwyn eu blodau,
Yr un mor brofiadol ei afael (tylla drwy Eingl),
Yr un yw ei gyneddfau [wrth drin] arfau ?drwy lwon gwŷr
        Prydain,
20   Yn rhyfelgyrch Mechain â Rhys Mechyll.

Maredudd, budd cyffredin cytgord a wêl,
Adeilad mawr a gynhalia, un ffyniant â Fferyll,
Pennaeth cyfoeth pendefigion, taer ei arddeliad,
24   Mur diysgog, toredig ei wayw, a'i darian yn deilchion.

Rhag pob drwg amlwg [ym] mlaen ffyrnig [y gad]
([Un sy'n peri] rhwyg yng nghynnwrf brwydr yn ddistrywgar ei
        lid, gan yrru byddin y Saeson ar drai),
Erfyniaf ar i'm Harglwydd ei warchod—

28   Fy mhennaeth, rheolwr gwersyll blaenllaw—er mwyn Ei
        glwyfau.

    Llawr Ynys Derllys, nid rhwystr ydyw i'r byd
    Fod ffyniant i'w gael yno,
    Maredudd lawagored,
32   Un hael, parod [ei roddion], yr un ei addysg â Nudd.

    Un o'r un anian â Nudd mewn brwydr, yn ffyrnigrwydd rhyfel
        treisgar
    [Un â] chyneddfau cadarn mab Echel,
    Un hael [sy'n peri] ffyniant llu, nid yw'n celu rhodd,
36   Arglwydd sy'n oruchaf mewn cerdd ac yn gochel gwarth.

    Nid yw'n gochel rhag rhyfel, pennaeth sy'n nawdd i foliant,
    Un sy'n gwarantu bwrdd er difyrrwch beirdd,
    [Testun] parch y lluoedd, nid gwarchae ar glod,
40   Arweinydd grymus, mwyn yw'r lle y mae.

    Lle y mae trigfa ['r un sy'n ennyn] clod [mewn] brwydr, noddfa
        cynhaliaeth,
    Gorseddfa wych ac eang pob cerddor,
    Feirdd, mewn anrhydedd mawr,
44   Awn i Ynys Derllys hardd ei llawr.

Dychan i Darre

Trefydd a gyrchaf, tryfan a garaf,
   Trawsweilch nis gwadaf, gwawd gyflwyddaw,
Treiddle pob tëyrn, trwydded gwin edyrn,
4   Traul meddgyrn cedyrn, cadoedd wisgaw;
Lluoedd ddygyfor, lliaws yng nghyngor,
   Llwyth rhagor Cadfor, cedfwyn heiliaw,
Llewenydd ysbyd, llawer anwylyd,
8   Lle beirddglyd hyfryd, hoywfro Gynllaw;
I gymryd ceniad aur Gymry roddiad
   I ganu marwnad ddiymadaw
I dor hen ddraenog, i dwrrach crugog,
12   I Darre fysog fesur luniaw;
Colled telynior, ceillau hen bannor,
   Cyllid pob neithor, noethfoel ben cnaw;
Cyllestr ei wegil, cylla hen faril,
16   Cell feingau rombil cyn no'i giliaw.
Cymhwyllais grynffast, camau wrth bigfast,
   Cymar llygaid gast, gystain hwyddaw;
Cymudr ei amcan, cymu â gogan,
20   Cwman offestian gwedy'i ffustiaw.
Nid rhech agored, nid rhaith anwared,
   Nid rhwy efrifed frywed friwaw;
Ni rifai Brydain, ni roddai Lundain,
24   Hen daradr mysain, mesur arnaw.
Casrwth oedd Darre, cawsraib bob bore
   Oddis Blaen Barre, byrrwch ffleiriaw,
Cystudd pob anrheg, cesteidau garlleg,
28   Cysteg bwyd floneg, oedd bwd flinaw;
Morwch hôr-ddala, merydd ysmala,
   Mawr oedd ei wala, gala giliaw,
Merllyd ewingrach, mawrllid cyfeddach,
32   Morach i Fyrnach oedd ei furnaw.
Baich oedd hyd ei drwyn, bochau balleg frwyn,
   Bychan ungwr mwyn yn ei gwynaw;
Bachell a fynnai, buchedd nyw garai,
36   Bwch llawn o ysgai, esgud heiriaw.
Llwyrddrwg y dysgwyd, lloriau Cwm Cawlwyd,
   Llawer oedd ei fwyd cyn no'i lwydaw,

Llawfron hen fegin, llofrudd dryll mehin,
40　　　　Llonaid Caerfyrddin oedd ei giniaw.
Llawndwrch bremenig, llwfrgleirch ystyfnig,
　　　　Llawer dyn diddig am ei drigaw;
Yn llawr uffernblas yn llyncu cig bras
44　　　　Mae gan was Suddas swyddau iddaw.

Ffynonellau
A—BL Add 15001, 245^r B—J 111, 1355 C—LlGC 4973B, 350^v D—LlGC
21287B [= Iolo Aneurin Williams 1], 111^r E—Llst 133, 885 F—Llst 147,
263 (*o'r cefn*) G—Pen 118, 252

Seiliwyd y golygiad ar destun llawysgrif B, yr hynaf. Codwyd y gerdd i'r
holl lawysgrifau eraill un ai'n uniongyrchol neu'n anuniongyrchol ohoni.
Ymhellach ar y llawysgrifau, gw. isod tt. 151–2.

Darlleniadau'r llawysgrif
1 tyruan. 8 hoevro. 10 [I] kanu marᏮ nat. 11 ytᏮrrach. 13 banaᏮr. 15
kyllystyr. 21 ny rech; ny reith. 22 ny rᏮy. 28 oed bᏮyt vlinaᏮ. 29 ordal^a (*gyda
phwynt dileu o dan yr* a *olaf*). 33 boche ballet. 38 ᏮydaᏮ. 39 llofryd. 42 driaᏮ.

Teitl
BF Prydyd breuan agant yraᏮdyl honn y darre, *ACD* Prydydd Breuan a
gant yr awdl hon i ddarre delynior, *E* Awdl i Ddarre … Prydydd Breuan ai
cant (*gyda'r priodoliad mewn olnod*), *G* Prydyd breuan agant yrawdyl honn
ydarre delynior.

Dychan i Darre

Trefydd a gyrchaf, mynydd blaenfain a garaf,
Nid ymwadaf â'r pendefigion cadarn sy'n hybu prydyddiaeth,
Cyrchfan pob pennaeth [â] chynhaliaeth gwin amheuthun,
4   [Lle y ceir] darpariaeth o gyrn yfed i ddewrion, a gwisgo'r
        minteioedd;
Cyffro lluoedd, lliaws mewn cyd-drafodaeth,
Llwyth rhagorol Cadfor, sy'n darparu cyfoeth rhoddion,
Llawenydd gwesteion, llawer anwylyd,
8   Lle dymunol a chlyd i feirdd, bro hyfryd Cynllo;
I geisio caniatâd anrhegwr Cymry gwych
I ganu marwnad ddiymadael
I fol hen ddraenog, i dwmpath cornwydog,
12   I Darre [a arferai] lunio mesur gwrthun;
Colled telynor, ceilliau hen bannwr,
Treth ar bob neithior, a'i benglog yn noethlwm;
Callestr oedd ei wegil, cylla hen faril,
16   Cell feinwag o stumog cyn iddo gilio ymaith.
Crybwyllais labwst, camau wrth …,
[Un a chanddo lygaid] tebyg i lygaid gast, yn tyfu a chwyddo;
Ffiaidd oedd ei fwriad, gwnaeth gymod â gogan,
20   [Un yn] brysio [ymaith] yn ei gwman wedi iddo gael crasfa.
Nid rhech agored [a drawai], ?nid [oedd iddo] ymwared rhag y
        gyfraith,
Nid gormod [oedd] y mynych ddolurio mor rymus [a
        ddioddefodd];
Ni pharchai wŷr Prydain, ni roddai Llundain
24   (Hen daradr atgas ei sain) unrhyw werth arno.
Un gwrthun a barus oedd Tarre, a fyddai'n rheibio caws bob
        bore
Islaw Blaen Barre, yn drewi fel mochyn daear,
Gorthrwm pob saig, boleidiau o arlleg,
28   [Mewn] poen [oherwydd] bloneg bwyd, yr oedd braenedd yn ei
        flino;
Morlo'n ?dal llau, diogyn haerllug,
Mawr oedd ei wala, a'i gala'n cilio o'r golwg,
[Un] seimllyd, crachlyd ei ewinedd, [achos] dicter mawr [mewn]
        cyfedddach,
32   Llawenydd i Fyrnach oedd ei lofruddio.
Baich [iddo] oedd hyd ei drwyn, a'i fochau [fel] cawell frwyn,
Prin fod un gŵr bonheddig yn galaru amdano;
Cilfach [bedd] a fynnai, bywyd nis carai,

36   Bwch gafr llawn llysnafedd, sydyn i ddifa.
         Yn affwysol o wael y dysgwyd ef [ar] loriau Cwm Cawlyd,
         Llawer oedd ei fwyd cyn ei benwynnu,
         [Un a chanddo] hen fegin o frest, llofrudd talp o fraster,
40   Llond Caerfyrddin oedd ei ginio.
         Twrch boldew rhechlyd, hen begor llwfr a styfnig,
         Y mae llawer dyn diddig oherwydd ei ddarfod;
         Ar lawr plas yn uffern yn llyncu cig bras
44   Y mae gan was Jiwdas orchwylion ar ei gyfer.

3
Dychan i Siwan Morgan o Aberteifi

Rhyfan Siwan, frân fraen ogofau,
Rhyfel gyniwair, llestair llostau,
Rhyfyctwyll crybwyll cribau—blonectawdd,
4   Rhyhawdd y bollawdd balleg ffeiriau.

Rhylodig geinig frynnig fronnau,
Rhylydan gwman, gymar caliau,
Rhe geubal feddal, ni faddau—gweison,
8   Rhau bwdrfon cynrhon, canrheg biau.

Rhole sws dyle dan saws dalau,
Rhylawn, ffael annawn, fawr ffolennau,
Rhy waedled arffed, oerffau—saith cant cnych,
12   Rhy gedorwlych rych, rechfras gnecau.

Rhydd fydd faedd-dwll cwll caill ddyrnodau,
Rhwydd Siwan o'i gwân gweindwll ffrydiau,
Rhid anwar daengar, dingau,—ddiserchson,
16   Rhudd bwdrfon cynrhon, canrheg biau.

Rhoch gynllai ferffrai, fawrffrwd ceillau,
Rhaith laith lefn ffynnawn gachgrawn, gochgrau,
Rhwyd ysbwrial, gwâl gwelïau—siglffraeth,
20   Rhy'm gwnaeth gelynnaeth â'i galwynau.

Cyd bythwn bardd a phrydydd
A dedwydd ar swrcodau,
Hi a wyddiad fy nhwyllo,
24   Myn Cynllo a Thybïau;
Wrth na chredais gant rhybudd
Cyn cystudd a cholledau,
Ef a'm gelwir am Siwan
28   Gwaeddan gwaeth ei newidiau.

Llydan fydd gogan gygus widdon—lom,
Lamfa cŵn a chleifion,
Llindag doll, llodig foll fôn,
32   Llawn o hud ac anudon.

Ffynonellau
A—BL Add 15001, 245ᵛ B—J 111, 1356 C—LlGC 4973B, 351ᵛ D—LlGC
21287B [= Iolo Aneurin Williams 1], 112ᵛ E—Llst 133, 886 F—Llst 147,
265 (*o'r cefn*) G—Pen 118, 253

Seiliwyd y golygiad ar destun llawysgrif B, yr hynaf. Codwyd y gerdd i'r
holl lawysgrifau eraill un ai'n uniongyrchol neu'n anuniongyrchol ohoni.
Ymhellach ar y llawysgrifau, gw. isod tt. 151–2.

Darlleniadau'r llawysgrif
3 kyrb6yll. 20 neumg6naeth. 27 amgeliwir.

Teitl
Prydyd breuan heuyt agant yr awdyl honn y siwon [*sic*] morgan o aber
teivi.

Dychan i Siwan Morgan o Aberteifi

Cwbl ddinod yw Siwan, brân ogofâu pwdr,
[Un sy'n] paratoi at ryfel, rhwystr i galiau,
Twyll rhyfygus [fyddai] moli crwybrau-toddion-bloneg,
4   Rhy hawdd yr agorodd cawell ffeiriau.

Bronnau rhy chwantus, taer ac aflan,
Pedrain ry lydan, cymar caliau,
Bol meddal, anllad, nid yw'n ymwrthod â llanciau,
8   Tin bwdr gynrhonllyd, oludog, y mae iddi gant o roddion.

Bryn o borc wedi'i biclo'n loyw o dan ddysglau saws,
Ffolennau mawrion rhy lawn (diffyg anffodus),
Arffed ry waedlyd, ffau oer saith can cnychiad,
12   Rhych ry laith ei chedor, a'i chnecau'n rhechfeydd helaeth.

Agored i bawb fydd twll pwyedig y bol [sy'n gyfarwydd â]
        dyrnodau ceilliau,
Hael fydd Siwan os bydd ffrydiau yn ei gwanu yn nhwll ei
        gwain,
Cnychiad [merch] wyllt, barod i ymledu, dinagored, ddiserch ei
        geiriau,
16   Tin goch bwdr, gynrhonllyd, y mae iddi gant o roddion.

Pentis rhochlyd, blaen-dywyll [lle yr â] ffrwd fawr ceilliau,
Ffynnon lefn laith ei hanian, sy'n waedlyd ac yn cronni baw,
Rhwyd sbwriel, ffau [lawn] clwyfau, sydyn ei sigl,
20   Gwnaeth elyniaeth yn fy erbyn â'i galwyni.

Er fy mod yn fardd a phrydydd
Ac yn ddedwydd mewn swrcodau,
Gwyddai hi sut i'm twyllo,
24   Myn Cynllo a Thybïe;
Gan na chredais gan rhybudd
Cyn [dioddef] trallod a cholledion,
Fe'm gelwir o achos Siwan
28   Yn waeddwr marchnad a'i nwyddau'n waeth [eu cyflwr].

Helaeth fydd y gogan i'r wrach lom, sarrug,
Llamfa cŵn a chleifion,
Glwyfedig ei gwddw, a'i thin yn rhwth ac anllad,
32   Lawn o hud a thystiolaeth gelwyddog.

4
Dychan i Goch y Delyn

> Cuwch uwd-alw, ci chwydalen,
> Cwch-dew ulw, coched elin,
> Cuchau delw cachu dilan,
> 4   Cachad wlw, Coch y Delyn.

Ffynonellau
A—LlGC 1553A, 550^r B—Pen 86, 267   C—Pen 111, 363

Ymhellach ar y llawysgrifau, gw. isod tt. 151–2.

Darlleniadau'r llawysgrifau
1 *ABC* Kywch yw dalw; *ABC* chwydalwn. 2 *A* wlw.

Teitl
A Prydydd breuan i goch y delyn, *B* Gwaith prydydd breuan i goch y delyn.

Dychan i Goch y Delyn

> Cuwch yn galw am uwd, ci chwysigen,
> Lludw [o ddyn] tew fel cwch, mor goch [ei] elin,
> Cuchiau tebyg i gachu aflan,
> 4   Gwep gachgïaidd, Coch y Delyn.

Nodiadau

1

Nid oes modd gwybod yn bendant pwy yw gwrthrych yr awdl hon. Ynys Derllys, yng nghwmwd Derllys ger tref Caerfyrddin, oedd cartref y Maredudd hwn, ond dyna'r unig dystiolaeth ddiamwys a rydd y gerdd. Fe ddichon mai Maredudd ab Ieuan ap Llywelyn Foel ydyw, gŵr a fu'n rhingyll yng nghwmwd Elfed (ynghyd â Derllys) yn y blynyddoedd 1336–7 ac 1338–9, ac eto yn 1349–50, ac a gafwyd yn euog o gyflawni troseddau yn 1326–7 ac 1327–8.[1] Posibilrwydd arall yw Maredudd ap Gwallter ap Madog a dalodd ebediw am dir ei dad yn Elfed yn 1349–50 (daliasai'r tad yr un swydd yn 1326–8).[2] Yn gynharach yn y ganrif, bu Maredudd ap Madog ap Samson yn geisiad yn yr un ardal yn 1320–1.[3] Ni ddaethpwyd o hyd i'r un o'r rhain yn yr achau. O ran cyfnod a statws, y cyntaf o'r tri hyn yw'r mwyaf tebygol, ond y mae'n gwbl bosibl, wrth gwrs, na chofnodir enw gwrthrych yr awdl ymhlith enwau swyddogion gweinyddol y cyfnod.

Yn y traddodiad Taliesinaidd gorau, molir Maredudd am ei filwriaeth ac am ei haelioni digrintach yn neuadd Ynys Derllys. Cyfosodir y ddwy rinwedd hon yn drawiadol o gryno, er enghraifft yn llinellau 3–4 a llinellau 7–8. Fe'i disgrifir fel un sy'n tyllu drwy rengoedd yr Eingl gan fygwth cestyll Rhos, sef y cantref ym Mhenfro i'r gorllewin o Dderllys lle y buasai gwrthdaro rhwng y Normaniaid a'r Cymry ers cenedlaethau. Rhoddir pwyslais arbennig ar win dihysbydd Ynys Derllys, ac ar y croeso a estynnir i'r beirdd yn anad neb. O ran ei haelioni a'i ddewrder, cymherir Maredudd â nifer o arwyr traddodiadol—Nudd a Fferyll, Merfyn Frych a mab Echel (Achilles)—ond mwy annisgwyl yw enw Rhys Mechyll fel safon rhagoriaeth, sef un o wyrion yr Arglwydd Rhys a fu farw yng nghanol y drydedd ganrif ar ddeg. Y mae'n amlwg y byddai ei wrhydri yn 'rhysedd Mechain' yn wybyddus i gynulleidfa'r cyfnod, ac ni ellir ond dyfalu a oedd cysylltiad teuluol rhyngddo a Maredudd a roddai arwyddocâd arbennig i'r cyfeiriad.

Y mae'r caniad cyntaf ar fesur gwawdodyn, a'r ail ganiad ar ffurf cynog-ion neu gadwyn o bedwar englyn unodl union, gyda gair olaf pob englyn yn cyrchu dechrau'r englyn nesaf a diwedd y gadwyn yn cyrchu ei dechrau. Ceir defnydd helaeth o gymeriad geiriol, llythrennol a chynganeddol, a

---

[1] R.A. Griffiths: PW i, 405.
[2] *Ib.*
[3] *Ib.* 413.

chyfartaledd uchel o gynganeddion sain, nifer ohonynt yn bengoll. Ceir cynghanedd sain gadwynog yn ll. 43, sain ddwbl yn ll. 13, a sain deirodl yn ll. 17.

1 **ardwyaf** Am yr ystyr 'amddiffyn, noddi, gwarchod, gofalu am', gw. GPC 184.

2 **eurged rhaith yfed** Cymerir mai'r *eurged* a brofir gan y bardd yw'r gwin y mae cymaint o sôn amdano yn y gerdd. Deellir *rhaith* yn ddefnydd ffigurol o'r ystyr 'cyfraith, deddf, rheol, gorchymyn', GPC 3033; cf. *penrhaith* 'pennaeth, pen (y gyfraith), arglwydd, pendefig, tywysog, pen-arglwydd', *ib.* 2757. Gan mai eb. yw *rhaith* bron yn ddieithriad, gellid darllen *rhaith Ddyfed*, cf. GDG³ 38 (13.140) *Penrhaith ar Ddyfed faith fu* ('Marwnad Llywelyn ap Gwilym'). Y mae'n bosibl fod yma amwysedd bwriadol.

   efyll Ffurf l. *afall*, sef 'pren afalau' fel rheol, gw. GPC 41 a cf. R 1196.29 *euyll aeron* (Gruffudd ap Maredudd). Awgryma'r cyd-destun, fodd bynnag, mai'r ffrwyth a olygir yma, a mentrir aralleirio *rhwth efyll* 'afalau crin' (h.y. wedi hollti).

3 **wrth** 'Gyferbyn â, yn wyneb', efallai, yn hytrach nag 'yn ymyl', gw. GMW 213.

   esgyll Ffurf l. *asgell* yn yr ystyr 'gwaywffon, paladr, asen', gw. GPC 220 a cf. yr enghreifftiau o 'esgyll gwawr' a nodir yno.

   ongyr 'Gwaywffon neu waywffyn (o bren onnen); ymosodiad neu ergyd â gwaywffon neu waywffyn', GPC 2648. Cymerir mai gwaywffyn y gelyn a olygir yma.

4 **rhwydd bebyll** Awgryma'r a. *rhwydd* mai at babell neu wersyll y cyfeirir yn hytrach nag at fantell neu glogyn, gw. GPC 2662–3 d.g. *pabell*, *pebyll* (ni nodir yr enghraifft hon).

5 **pan fo yn sefyll** Rhaid cywasgu *fo yn* er mwyn hyd y ll. Ceir defnydd tebyg o'r f. *sefyll*, yn golygu 'gwrthsefyll, dal ei dir mewn brwydr', yn 5.16 isod, *ni saif o fywn cad*. Gw. GPC 3161 a cf. hefyd GBF 24.117–18 *Seuis yn ryuel ... / Rac estraͦn geneddyl* (Llygad Gŵr); GCBM i, 3.134.

7 **a ddaw** Ar y defnydd hwn o'r rh.pth. *a* mewn cymal pth. afrywiog, gw. GMW 65.

8 **gwanas** 'Peg, hoel bren ...; post ... yn *ffig.* am un sy'n rhoi nawdd a chynhaliaeth, e.e. pendefig', GPC 1573. Fe'i dehonglir yma mewn ystyr haniaethol, 'nawdd, cynhaliaeth'. Posibilrwydd arall yw'r ystyr 'braced ar ochr ddeau llurig i ddal paladr gwaywffon', *ib.*, a'i gysylltu â *lafn estyll—awchgrai*, gan ddarllen *Gŵr a ddaw o'i law ... win ystefyll*, ond rhydd y dehongliad arall rediad mwy naturiol i lau. 7–8. Nid amhosibl cysylltu'r a. *difai* â gwin yn hytrach na *gwanas*.

gwin ystefyll   Awgryma'r cyd-destun mai 'gwin ystafelloedd' yw'r ystyr, yn hytrach nag 'ystafelloedd gwin', ond cf. CA 24 (ll. 600) *win bebyll*.

9 **tefyll**   Ffurf l. *tafell* 'sleisen, darn tenau', &c. Fe'i defnyddir gan Ddafydd ap Gwilym am wallt Morfudd, GDG³ 143 (53.2) *tefyll aur*, ac am ddail, *ib*. 67 (23.12) *Glas defyll glân mwyngyll Mai*. Dichon y cyfeiria yma at eiriau di-fefl Maredudd. Gthg., fodd bynnag, CLlH 5 (ll. 29a) *Pan las [vy mab] Pyll, oed teuyll briw*; dyfynnir y ll. sydd dan sylw yma gan Ifor Williams yn ei nodyn ar *teuyll*, *ib*. 83.

10 **gair Cyfegyll**   Awgryma Lloyd-Jones yn betrus iawn yr ystyr 'tyner, mwyn' ar gyfer *cyfegyll*, gan gynnig ei gydio wrth *etgyllaeth*, gw. G 206. Gwell, fodd bynnag, yw deall *gair* yma yn ardd. 'ger', yn hytrach nag yn e., a deall *Cyfegyll* yn e. lle, rywle, efallai, yng nghyffiniau cwmwd Derllys.

11 **gwerthfudd**   Cyfuniad o *gwerth* a *budd*. Yr enghraifft hon yn unig a nodir yn GPC 1648.

pwystudd   Ymddengys mai *udd* 'arglwydd' yw'r ail elfen. Tybed nad ffurf ar *bwyst* 'bwystfil, anifail' (o'r Llad. *bēstia*) yw'r elfen gyntaf? Cf. *bwystlon* 'gwancus, ysglyfaethus', GPC 359; a *bwystus* 'anifeilaidd, creulon, barbaraidd, milain' (*ib*.), a geir yn nychan Dafydd ap Gwilym i Rys Meigen, GDG³ 60 (21.9–10) *Cau rheidus bwystus bostiai—â'i dafod / O Deifi hyd Fenai*.

a'n dawl   Llsgr. C *andaꝺl*. Cf. G 27 d.g *andawl*, gan nodi'r enghraifft hon yn unig: 'efallai o *anꝺawl: dawl: gwaꝺawl*, a'r ystyr 'rhad, rhydd, hael' yn hytrach na: *tawl*.' Ni restrir y ffurfiau *andawl / anddawl* yn GPC. O ran y fydryddiaeth a'r ystyr gwnaethai 'didawl' y tro lawn cystal. Anghytunir â Lloyd-Jones a chynnig mai'r hyn sydd yma yw'r rh.pth. *a* a'r rh. m. *n*, wedi eu dilyn gan ffurf 3 un.pres.myn. y f. *doli*. Gw. GPC 1073, 'dolaf: doli [?bf. o'r e. *dawl*] ba. Rhannu, rhoddi', a cf. R 1271.15 *doli gꝺin* (Madog Dwygraig), *ib*. 1318.3 *diledyf doli* (Gruffudd ap Maredudd). Nodir y ddwy enghraifft hyn yn G 386 d.g. *doli*, yn ogystal ag yn GPC.

12 **gwarthfar**   Unig enghraifft. Cyfuniad, efallai, o *gwarth* a *bâr*, gw. G 623 d.g. *gwarth*, ond fe'i cymherir hefyd â'r ffurf *gwarthuor* 'gwarth, cywilydd', *ib*. Dilynir G yn GPC 1588. Gw. ymhellach ymdriniaeth R. Geraint Gruffydd â [g]*warthuor*, 'A Welsh "Dark Age" Court Poem', yn *Ildánach Ildírech: A Festschrift for Proinsias Mac Cana*, ed. J. Carey *et al*. (Andover & Aberystwyth, 1999), 46–7.

mantawl   Llsgr. C *vyntaꝺl*. O ran yr orgraff, gellid deall *fy nhawl*, ond byddai hynny'n difetha'r gynghanedd yn llwyr. Gan nad yw'r ffurf *fyntawl* yn hysbys, fe'i diwygiwyd yn *mantawl*, 'clorian, tafol', hefyd 'pwysau, gwrthbwys, yr hyn a roir yn ychwanegol mewn bargen', &c.

Gw. GPC 2346 d.g. *mantol*, a cf. GLlLl 1.159–60 *Na'm dod, ut mantoet, ym mantaʊl—ac eur / Ac emys hyganaʊl!* Dyfynnir enghreifftiau eraill o'r ffurf *mantawl* yng nghanu Beirdd y Tywysogion, *ib.* 22.

13 **Merfyn** Merfyn Frych, sylfaenydd ail linach frenhinol Gwynedd, a fu farw yn 844, gw. TYP² 260–1 a J.E. Lloyd: HW³ 323–4.

14 **hyll** Ffurf 3 un.pres.myn. y f. *holli* 'hollti'.

15 **cystudd** Ar ddefnyddio *cystudd* yn ffig. am frwydr, gw. GMB 9.60n.

Rhos Cantref yn ne-orllewin Dyfed, lle y bu gwrthdaro cyson rhwng Normaniaid Penfro a thywysogion Deheubarth. Gw. GBF 2.9n, WATU 188.

helcud 'Hela, erlid, ymlid', &c. *Helcyd* a *helgud* yw'r ffurfiau a rydd GPC 1842, ond â'r ffurf hon (sy'n odli â *tradrud*) cf. GGDT 13.33–4 *Begr golwyn gwadd drwyn gwaedd dryw—ar helcud, / O'r halcwd pan hanyw* (Trahaearn Brydydd Mawr).

16 **rhwyddbair** Fe'i deellir yn gyfuniad o'r a. *rhwydd* (yr ystyron 'cyflym, parod', &c. sydd fwyaf addas yma) a'r e. *pair* 'arglwydd, pennaeth'; gw. GPC 2670 d.g. *pair²*, lle yr awgrymir yn betrus mai ffurf affeithiedig ar fôn y f. *paraf*: *peri* ydyw. Dyfynnir yno nifer o enghreifftiau o waith y Cynfeirdd a'r Gogynfeirdd.

17 **gwynwyll** Yn ôl G 745 d.g. *gwynn²*: *gwynwyll* (: *gwyll²*), 'blodau gwynion', neu 'gwyn-gnwd', gan nodi'r enghraifft hon yn unig; cf. GPC 1780 d.g. *gwynwyll*.

18 **profiad** Nodir yr enghraifft hon yn GPC 2904 d.g. *profiad²*, ynghyd â GDG³ 231 (84.37) *Cad brofiad* a GLGC 326 (145.39), â'r ystyron '?un sy'n rhoddi prawf (ar berson neu beth), ?person profiadol'; cydnabyddir, fodd bynnag, y dichon mai enghreifftiau o *profiad¹* ydynt, ac felly y'i dehonglir yma yng nghyd-destun y pennill hwn mewn perthynas â'r gair *angad*.

angad Gall olygu 'gafaeliad' yn ogystal â 'llaw', gw. GPC 49.

a dyll Ffurf 3 un.pres.myn. y f. *tyllu*, yn yr ystyr 'torri trwy'. Cf. BD 178 (llau. 13–14) *a thyllu bydin eu gelynyon a'e guasgaru*; KAA² 31 (llau. 5–7) *Amlyn ac Amic ... a gyrchassant y gat yd oed Desider yndi, ac ae tyllassant* ... Ceir y ffurf 3 un.pres.myn. gan W. Salesbury: OSP *Y defnyn a dyll y carec*.

19 **erfyll** Fe'i deellir yn ffurf l. ar *arfoll* 'addewid, cytundeb, cyfamod, cynghrair, llw', er mai *arfollau* yw'r unig ffurf l. a rydd GPC 195 (yn ôl G 39 d.g. *aruoll*, anodd penderfynu a oes cysylltiad rhwng y ffurf hon ac *arfoll*). Yn ôl Ifor Williams, B i (1921–3), 226–7, 'o *arfolli creiriau* "to swear by taking hold of the holy relics", y daw *arfoll* "oath" (*trwy lw ac arfoll*)'.

20 **rhysedd Mechain** Cyfeiriad at frwydr ym Mechain, y cantref ym Mhowys y mae Afon Efyrnwy yn ffurfio'i derfyn deheuol, gw. J.E. Lloyd: HW³ 247.

Rhys Mechyll Mab Rhys Gryg ac ŵyr i'r Arglwydd Rhys o Ddeheubarth, gw. R.R. Davies: CCC 225–6. Bu farw yn 1244.

21 **cydfudd** Yn ôl G 197 d.g. *kyt*¹, '(: *buð*) *eg*. lles cyffredin, neu *a*. yn cyfrannu'n gyffredinol', gan nodi'r enghraifft hon yn unig. Derbynnir yr awgrym cyntaf, a'i ystyried yn e. mewn perthynas enidol â *cydfod* (gthg. *anghydfod*).

22 **cynnail** Yn GPC 794 rhoddir yr enghraifft hon dan yr ystyr 'adail, fframwaith'. Noda Lloyd-Jones, fodd bynnag, G 255 d.g. *kynneil*², y ceir rhai enghreifftiau na ellir yn hawdd eu dehongli'n ll. yr e. *cynnal* nac ychwaith yn ffurf 3 un.pres.myn. y f. Derbynnir yma ei awgrym nad amhosibl mai'r ffurf ferfol sydd yma, a dyna hefyd sut y dehonglir *modd gynnail* yn GC 11.18n. Dichon fod *a'i* (y rh.pth. a'r rh.m.) wedi ei sillgolli rhwng *adail* a *cynnail*, cf. Treigladau 174, 368.

Fferyll Y bardd Lladin Fyrsil, a ystyrid yn ddewin yn yr Oesoedd Canol, gw. GPC 1284 d.g. *fferyll, fferyllt*.

23 **penial** 'Gwasgiad, ymwasg, tyrfa; rhywbeth a wisgir am y pen ...; pennaeth', GPC 2750 d.g. *penial*¹. Cf. GDG³ 424 *Penial cerdd dyfal dafawd* (marwnad Madog Benfras i Ddafydd ap Gwilym).

ffyll Yn ôl GPC 1333, gair geiriadur wedi dechrau yn 1707 yn AB 217, yn golygu 'gwledig'. Ni nodir yr enghraifft hon, felly, yn GPC, ond fel y sylwir yn G 515 y mae'r odl yn sicr yma, ac awgrymir ei gysylltu â *ffull*, â'r ystyr 'taer, dygn, prysur'.

cystlwn 'Arddeliad, honiad, hawl'? Pe ceid ystyr wahanol i *ffyll* gellid ei ddehongli yn yr ystyr 'carennydd, tras' yng ngoleuni'r gair *bonedd* yn yr un ll., gw. GPC 817 d.g. *cystlwn*.

24 **gwaywdwn** 'Â gwaywffon doredig, hy, eofn', GPC 1606. Cf. GDB 24.58 *Llew gvaevdvn, ysgvnn ysgvyt Geidyav* (Dafydd Benfras).

ysgwn Un o'r ystyron a gynigir yn CLlH 76–7 yw 'cyndyn'; byddai ystyr debyg i 'cyndyn, diysgog' yn addas yma.

gwëyll Ffurf l. *gwäell*. Gw. GPC 1550 lle y rhestrir yr enghraifft hon dan yr ystyr 'ysglodion, ysgyrion, teilchion, yfflon'.

25 **amlaen drythyll** 'Blaen, rhagoriaeth' (*am*²- + *blaen*) yw'r ystyron a roddir i *amlaen* yn GPC 94. Fe'i deellir yma'n gyfeiriad at flaen y gad, cf. GLlG 5.26 *Llaw'n amlaen llu yn ymladd*. Gan mai eg. ydyw, cymerir mai *drythyll*, ac nid *trythyll*, yw ffurf gysefin yr a. Posibilrwydd arall, o gymryd mai *trythyll* yw'r ffurf gysefin, yw priodoli grym enwol i'r a., ac aralleirio 'un ffyrnig blaen y gad'.

26 **llwgrgawdd** Llsgr. C *ll6ygyrga6d*. Dilynir awgrym GPC 2235, '?yn peri difrod yn ei lid, distrywgar mewn digofaint'. Dyma'r unig enghraifft.

27 **gwersyll** Yn ogystal â 'gwersyll milwrol' gellid deall 'gwarchodlu, llu, byddin', gw. GPC 1646.

28 **erchyll** Ffurf l. *archoll*.

29 **Ynys Derllys** Derllys yw enw'r cwmwd yng Nghantref Gwarthaf y safai tref Caerfyrddin ynddo, gw. WATU 56. Ni lwyddwyd i ganfod cyfeiriad arall at Ynys Derllys. Tybed na ddylid ei uniaethu â safle Cwrt Derllys a saif ar y tir uchel rhwng pentref Merthyr a fferm Llethrach, ryw dair milltir i'r gorllewin o Gaerfyrddin? Ceir disgrifiad o'r tŷ gan Francis Jones yn *Historic Carmarthenshire Homes and their Families* (Carmarthen, 1987), 54–5. Yng ngoleuni'r cyfeiriad at lwyth Cadfor yn 2.6 uchod, diddorol nodi mai o linach Cydifor Fawr yr hanai'r perchennog cynharaf y gwyddys amdano, sef Lewys ap Philip ap Huw a drigai yno yn hanner cyntaf yr 16g., gw. *ib.* 54 a P.C. Bartrum: WG2 'Cydifor Fawr' 13(C). Fodd bynnag, ni restrir yr un Maredudd yn ach y gŵr hwnnw, gw. *ib.* a P.C. Bartrum: WG1 'Cydifor Fawr' 13.

arlludd Fe'i deellir yn e. yma, 'llestair, rhwystr', yn hytrach nag yn ffurf 3 un.pres.myn. y f. *arlluddio, arlluddias*, gan dderbyn awgrym petrus G 41 ynglŷn â'r enghraifft hon, er bod GPC 207 yn ei rhestru dan yr ystyr ferfol. Cymerir mai defnydd o'r ffigur lleihad sydd yma, h.y. y mae'r llys yn agored i bawb; cf. *nid clod warchae*, isod ll. 39.

30 **dadannudd** Un o dermau Cyfraith Hywel. Bôn y f. *dadanhuddo*, GPC 868: 'Adfeddiant neu adferiad meddiant o dreftadaeth, yr hawl a arwyddid gan y ddefod o ddadorchuddio neu agor y tân ar aelwyd y rhieni i feddiannu tir a fuasai'n eiddo iddynt ...; hawlwr treftadaeth, adferwr; llwydd neu gynnydd (adferiadol) ...' Gw. LlB 71–3; GIBH 4.61n; GC 2.136n. Fel y sylwir yn G 284, 'cynnydd, dyrchafael, llwydd' yw'r ystyron cyffredin gan y beirdd.

32 **un addysg â Nudd** Nudd Hael fab Senyllt, un o Dri Hael Ynys Prydain ynghyd â Mordaf a Rhydderch, gw. TYP² 5–6, 476–7. Cf. GC 4.13 *udd addysg Mordaf*.

34 **mab Echel** Er mor amlwg yw Echel, sef yr arwr Groegaidd Achilles, yn y canu mawl (gw. TYP² 335–6), prin yw'r cyfeiriadau at ei fab. Crybwyllir *Gwrhyd Pyrr* yn GLlLl 17.16, a nodir, *ib.*n, mai at Pyrr fab Achilles y cyfeirir, yn ôl pob tebyg. Ymddengys mai'r arwr hwnnw a olygir yma, cf. G 435 d.g. *Echel*¹, ond enwir *Gobrw mab Echel Uordwyt Twll* yn BRh 19 (llau. 19–20).

35 **niferllwydd** Ni restrir y cyfansoddair hwn yn GPC. Tebyg mai'r ystyr yw un sy'n peri llwyddiant neu ffyniant i *nifer* 'llu, mintai'.

37 **argae** Yn yr ystyr 'amddiffyn, nawdd', gw. GPC 196 a'r enghreifftiau a ddyfynnir yno.

38 **bwrdd warant** Ni sylwyd ar enghraifft arall o'r cyfuniad hwn, ond cf. R 1317.37 *g6arant ha6d anant o haelyoni* (Gruffudd ap Maredudd i Oronwy ap Tudur o Fôn).

39 **gwarchae** Fe'i hystyrir yn e. yma, yn wahanol i G 619 a'i rhestra'n ferfenw.

40 **terrwyn** Llsgr. C *tyrr6yn*. Dyma'r unig enghraifft o *tyrrwyn* yn slipiau Geiriadur Prifysgol Cymru. Rhesymol yw ei ddiwygio yn *terrwyn* 'ffyrnig, llidiog, nerthol, dewr', &c., yn hytrach na'i ystyried yn amrywiad dilys ar y ffurf honno. Posibilrwydd arall yw darllen *terrwyn llyw mwyn*—gwrtheb sy'n gweddu i batrwm cywrain y gynghanedd sain, a chystrawennu *nid clod warchae ... y lle mae.*

41 **gair** Fe'i deellir yn yr ystyr 'bri, clod' yma; gw. GPC 1372 d.g. *gair*[1], a cf., e.e., R 1378.23 *Gruffud nud ud eir grym ...* (Dafydd y Coed i Ruffudd ap Llywelyn).

gwrawr 'Brwydr, ymladd, ymosod, ymgyrch' (?*gŵr* + *gawr*), GPC 1709 d.g. *gwriawr*, *gwrawr.*

42 **eurdeml** Cyfuniad o *aur* + *teml* 'crug, pentwr', yna 'eisteddfa, gorsedd-fa', gw. CA 244–5; cf. yn arbennig GDG[3] 40 (14.9) *Neud temlau, byrddau, beirdd ysgafaeth* ('I Ieuan Llwyd o Enau'r Glyn').

43 **mywn** Llsgr. C *m6yn*. Annhebyg mai'r a. *mwyn* a fwriadodd y bardd: fe'i ceir yn ll. 40 uchod a rhydd yr ymadrodd *mywn ardduniant*, 'mewn anrhydedd', amgenach ystyr ac amgenach rhediad i gwpled clo yr awdl. Cf. GLlLl 23.191–2 *Minheu o'm radeu, rym anant, / Yn ruteur, yn rwyt ardunyant ...*

44 **awn Ynys Derllys** Ynglŷn â'r gystrawen hon, gw. CA 84–5.

dewrllawr 'Gwych, hardd' yw ystyr *dewr* yma, yn hytrach na 'gwrol', gw. GPC 942. Disgwylid treiglad meddal, ond ar galediad *s* + *dd* > *sd*, gw. Treigladau 24–5.

2

Datganwyd yr awdl ddychan hon i Darre yng nghyffiniau plwyf Llangynllo yng ngodre sir Aberteifi, ar aelwyd a gysylltir â llwyth Cadfor, sef, mae'n debyg, un o linachau amlwg Ceredigion. Cychwynnir drwy foli bwrlwm a lletygarwch yr aelwyd honno, a thrwy ofyn cennad y noddwr i ganu marwnad i gymeriad a fyddai, y mae'n sicr, yn gyfarwydd i'r gynulleidfa. Fe'i disgrifir yn rheibio caws islaw Blaen Barre, ryw ychydig i'r gogledd o Langynllo, ac fe'i cysylltir hefyd â Chwm Cawlwyd ym mhlwyf Llandeilo Fawr, sir Gaerfyrddin, ac â thref Caerfyrddin ei hun. Ymddengys mai telynor ydoedd (ll. 13), ond awgryma'r geiriau *cymu â gogan* 'gwnaeth gymod â gogan' (ll. 19) ei fod yn fardd yn ogystal, un o'r glêr ofer, efallai, a gysylltir yng Ngramadeg Einion Offeiriad â *goganu, ac agloduori, a gwneuthur kewilid a gwaradwyd.*[1]

Ond nid ei ddiffygion fel bardd na thelynor a ddychenir yn bennaf, ond, yn hytrach, ei gardota di-baid a digywilydd a'i lythineb diarhebol. Glythineb yw un o'r pechodau amlycaf o blith y Saith Pechod Marwol yng nghanu dychan y cyfnod hwn, ond y mae iddo le anghyffredin o flaenllaw yn yr awdl hon. Perthyn digrifwch grotésg i'r delweddau lliwgar, llawn gormodiaith. *Cylla hen faril* oedd gan Darre, a *llawfron hen fegin*, a chyrhaeddir uchafbwynt trawiadol wrth ei ddychmygu bellach yn cael ei orfodi i lyncu cig bras hyd dragwyddoldeb yn un o blasau uffern. Hynod-rwydd mwyaf yr awdl yw ei bod yn enghraifft brin o farwnad ddychanol, a'i chynnwys yn gwbl groes i ddelfrydiaeth y farwnad draddodiadol.[2] Y mae'n debyg fod yma elfen o barodi a fyddai'n rhan o ddigrifwch y gerdd i gynulleidfa gyfoes. Os deellir llinell 32 yn llythrennol—*Morach i Fyrnach oedd ei furnaw*—cael ei lofruddio a wnaeth Tarre, ond dylid cofio, serch hynny, ddarfod canu rhai ffug-farwnadau yn ystod y bedwaredd ganrif ar ddeg, sef marwnadau i rai a oedd yn dal ar dir y byw. Nid yw'n amhosibl mai dyna yw'r awdl hon.[3]

Cyhydedd hir yw'r mesur, yr un mesur ag a geir yng nghorff yr awdl ddienw i Fleddyn, cerdd 8 isod. Y mae dechrau cymal cyntaf pob cyhydedd yn cyflythrennu â dechrau'r ail gymal. Yn y trydydd a'r pedwerydd cymal cynganeddion sain a geir amlaf, ac amryw ohonynt yn bengoll, ond ceir cynghanedd lusg mewn cynifer â chwe llinell (gw. ll. 42n isod). Newidir y cymeriad llythrennol a chynganeddol bob pedair llinell, a lle na cheir cymeriad o'r math hwnnw, yn llinellau 24, 26 a 44, ceir cymeriad synhwyrol â'r ystyr yn goferu o'r llinell flaenorol.

1　**tryfan** Llsgr. B *tyruan.* Awgrymir yn betrus ar un o slipiau Geiriadur Prifysgol Cymru y gall *tyrfan* fod yn ffurf fachigol ar *twrf* neu *torf*; cf. hefyd *tyrfain*, ffurf l. ar *twrf* a all olygu 'mintai' yn ogystal â 'twrw, cynnwrf', &c. Ar sail cynganeddiad yr awdl, fodd bynnag, mwy diogel yw diwygio yn *tryfan* a rydd gyflythreniad cyflawn â *trefydd*. Ar broflen anghyhoeddedig GPC cynigir yr ystyr 'mynydd blaenfain', a cf. yr enwau lleoedd Y Tryfan (mynydd lluniaidd, hardd fel colofn yn ymyl y Cludeiriau), Moeltryfan, Rhostryfan, a Mynydd Tryfan (Dinbych). Yn

---

[1] GP 35 (ll. 11). Gw. hefyd DGIA penodau 1–2.

[2] Cf., o'r un cyfnod, farwnad Iolo Goch i Herstin Hogl, GIG 161–5 (XXXVI).

[3] Gw. Huw M. Edwards, 'Murnio marwnadau: golwg ar y ffug-farwnad yng nghyfnod y cywydd', *Dwned*, v (1999), 47–70, lle y trafodir holl gwestiwn y ffug-farwnad a'r farwnad ddychanol.

GLlLl 23.75 *Gʋrt y gʋnaeth am deudraeth dryuan*, fe'i deellir yn a. 'hirfain', *ib*. 226.

2 **gwawd gyflwyddaw** Cf. GBF 26.8 *ged gyflwytaʋ* (Llygad Gŵr).

3 **trwydded** Ar ystyr y gair yn y cyfreithiau, 'caniatâd i aros mewn llys ar gost yr arglwydd', gw. CLlH 152. Fel y sylwodd J.E. Caerwyn Williams, 'trwydded, trwyddyd, "ymborth"', B xxvii (1976–8), 224–34, datblygodd ystyr ehangach; cf. GDG³ 603 'hawl i ymweld â llys, croeso, cynhaliaeth' a gw. yr enghreifftiau o waith Dafydd ap Gwilym a restrir yno. Prin fod angen diwygio *gwin edyrn* yn *gwin defyrn* fel yr awgryma G 680 d.g. *gwin*[1].

4 **cedyrn** Diau fod grym enwol i'r a., 'rhai cadarn, dewrion'; cf. uchod 1.14 *Gloyw dëyrn cedyrn, cadoedd a hyll*. Â *meddgyrn cedyrn*, cf. GDB 14.51 *Rac meued kyued kyʋedach kedyrn* (Phylip Brydydd); R 1194.12– 13 *Kelemic* [sic] *rat. cadarn wennwlat. kedyrn winwled* (Gruffudd ap Maredudd i'r Grog).

5 **yng nghyngor** Tebyg mai 'mewn cyd-drafodaeth neu ymgynghoriad' yw'r ystyr yma; cf. GLlF 14.63 *Deu arueid, deu leʋ yn eu kyngyr* ('Hirlas Owain'), a gw. yr enghreifftiau o'r ymadrodd 'myned yng nghyngor' a ddyfynnir yn G 224 d.g. *kynghor*.

6 **llwyth ... Cadfor** Ceir amrywiadau ar *llwyth Cadfor* yng nghanu'r Gogynfardd y Prydydd Bychan (GBF 14.12; 19.12), a Llywelyn Ddu ab y Pastard (GLlBH 18.11), dau fardd a gysylltir â Cheredigion. Gan mai o Edeirnion y daw'r teulu a restrir yn P.C. Bartrum: WG1 'Cadfor', dilynir yr awgrymiadau a wnaed ynghylch yr enghreifftiau hynny ac ystyried yr enw yma yn amrywiad ar *Cydifor*, sef, mae'n debyg, Cydifor ap Gwaithfoed neu Gydifor ap Dinawal, sefydlwyr dwy linach a gysylltir â Cheredigion (gw. *ib*.); gw. GBF 109, 115 a GLlBH 10, 191. Posibilrwydd arall yw Cydifor Fawr o Flaen Cuch. Y mae'n werth nodi bod Llwyncadfor yn enw ar ffermdy sylweddol ryw filltir i'r de-orllewin o eglwys blwyf Llangynllo.

cedfwyn Dilynir G 120 d.g. *ket*[1], 'cyfoeth rhodd, trysor a rennir'.

7 **ysbyd** Ffurf l. *osb* 'gwestai, lletywr', &c., o'r Llad. *hospes*, a'r ll. *esbyd*, *ysbyd* o'r Llad. *hospites*, gw. GPC 2657.

8 **beirddglyd** Yn ogystal â 'clyd i feirdd' gellid ei aralleirio 'clodfawr gan feirdd' (a chymryd yr ail elfen yn ffurf ar *clod*), gw. GPC 270.

hoywfro Gynllaw Cf. *Myn Cynllo* yn awdl ddychan Prydydd Breuan i Siwan Morgan o Aberteifi, 3.24. Cymerir mai at ardal plwyf Llangynllo yn ngwaelod sir Aberteifi y cyfeirir, yn hytrach nag at y plwyf o'r un enw ym Maesyfed, gw. WATU 130.

9 **cymryd ceniad** Gall yr ymadrodd olygu 'canu'n iach, ffarwelio', &c., gw. GPC 760 d.g. *cymeraf: cymryd*, ond amlwg mai'r ystyr lythrennol

'cymryd neu geisio caniatâd' a olygir yma. Cf. Llywelyn Ddu ab y Pastard yn cymryd ceniad Duw i ddychanu Madog ap Hywel a'i osgordd, GLlBH 19.1–5 *Cyfarchaf i'm Naf, niferog—Ddofydd, /Cynnydd ni dderfydd, defnydd deifnog; / Cymeraf, mwynaf mynog—Nefoldad, / Ceniad trwy gariad Duw trugarog / Can bu gabl parabl poerog—dylluan ...*

10 **i ganu marwnad** Llsgr. B *kanu marὼ nat.* Ychwanegwyd yr ardd. *i er mwyn* hyd y ll., er mwyn y cymeriad llythrennol, ac er mwyn sicrhau cystrawen ystyrlon: *i gymryd ceniad ... i ganu ...* Cf. GCBM i, 21.1–6 *Dy-m-gwallouwy Duw diheudaὸn—awen, / Aὸdyl urten amgen, amgall digawn, / Yn ardunyaw gὸr gὸrtuar eigyaὸn, / Yn aὸdur llaὸur lleueryt yaὸn / Y ganu marὸnad y Gadwallaὸn / Mal pan gant Moruran marὸnad Einyaὸn* (marwnad Cynddelw i Gadwallon ap Madog ab Idnerth).

diymadaw Rhoddir dwy ystyr i'r gair yn GPC 1065, sef (1) 'anwahanadwy, ymlynol ... ffyddlon, teyrngar', &c., a (2) 'di-fwlch, di-baid', gan ddyfynnu'r enghraifft hon yn unig o dan yr olaf (gan ddilyn G). Onid mwy priodol yw'r ystyr fwy llythrennol 'diymadael', h.y. bydd y farwnad ddychanol hon yn anfarwol?

11 **draenog** Gall gyfeirio at 'berson croes a blin', GPC 1081; cf. *draenoglyd* (*ib.*) 'blin, piwis, sbeitlyd, pigog', ar lafar yn Nyfed.

i dwrrach Llsgr. B *ytὸrrach.* O'i ddiwygio ceir cyflythreniad mwy boddhaol â *dor* ac â *Darre* ar ddechrau'r ll. nesaf. Dyma'r unig enghraifft o *twrrach* yn slipiau Geiriadur Prifysgol Cymru. Awgrym J. Lloyd-Jones, a gofnodir yno, yw '?*pile, heap*', a nodwyd ar yr un slip y ceir caeau o'r enw Twrrach Bach a Twrrach Pellaf ar fferm Coed-y-foel Isaf ger y Bala. Ai'r e. *twr* a'r olddodiad bachigol *-ach* sydd yma? Byddai ystyr ddifrïol debyg i 'pentwr, twmpath' yn ddigon addas yn y cyd-destun. Cymharer hefyd *twrra* y rhoddir iddo'r ystyr 'pentwr, crugyn' ar broflen anghyhoeddedig GPC; cf. R 1335.19–20 *yn dwrra trὸssa treissach / yn dorraὸc o bedeir rech* (dychan o waith Gruffudd ap Maredudd).

12 **i Darre** Llsgr. B *y darre.* Awgryma'r cymeriad ag *I dor* yn ll. 11 mai *Tarre*, ac nid *Darre*, yw ffurf gysefin yr e.p., er mai *i ddare* a geir yn nheitl yr awdl mewn nifer o'r llsgrau. (gw. uchod td. 10). Yn ll. 25, *oedd Darre*, gwelir treiglo'r goddrych yn feddal yn dilyn ffurf 3 un.amhff.myn. y f. *bod*, gw. Treigladau 305–6. Ni restrir yr e. ym mynegeion P.C. Bartrum: WG1, WG2. Gallai, o bosibl, fod yn ffurf ar yr e.p. Gwydd. *Dáire*, cf. *Marwnat Corroi m[ab] Dayry* yn Llyfr Taliesin, T 66–7, a gw. ymdriniaeth Patrick Sims-Williams, 'The evidence for vernacular Irish literary influence on early mediaeval Welsh literature', yn *Ireland in Early Mediaeval Europe: Studies in Memory of Kathleen Hughes*, ed. D. Whitelock *et al.* (Cambridge, 1982), 251. Ymddengys yr e. mor gynnar â'r arysgrif TVNCCETACE UX/SOR DAARI HIC IA/CIT, cofnod

o'r 6g., mae'n debyg, a ganfuwyd yn Nhremarchog ym Mhenfro, gw. V.E. Nash-Williams, *The Early Christian Monuments of Wales* (Cardiff, 1950), 217. Posibilrwydd arall yw fod *Tarre* yn ffurf fer Gym. ar yr e. Gwydd. *Tairdelbach* (*anglice Turlough, Terence, Terry*), e. a gofnodir ym Môn *c.* 1325 fel *Twrllach*, gw. Patrick Sims-Williams, 'Cú Chulainn in Wales: Welsh Sources for Irish Onomastics', *Celtica*, xxi (1990), 626.

mysog '?Drewllyd', GPC 2543, o *mws* 'wedi llwydo … drycsawrus', &c., *ib.* 2512. O blith yr enghreifftiau a ddyfynnir yn *ib.* 2543 (y cwbl o ganu dychan y Llyfr Coch), cf. yn arbennig GLlBH 19.94 *Cyngladur, traetur, mesur mysog* (Llywelyn Ddu ab y Pastard) a aralleirir, *ib.* 185, 'Gwerthyd, bradwr, [un o] ddull drewllyd'. Ond dichon mai at fesur Cerdd Dafod neu Gerdd Dant y cyfeirir yma; cf. *Colled telynior* yn y ll. nesaf, a'r sôn iddo wneud cymod â gogan (sef dychan ar gân?) yn ll. 19. Gw. hefyd yr enghreifftiau o'r 14g. o *lunio* mawl, gwawd, &c., yn GPC 2225.

13 **colled** Cyfeiriad at ei farwolaeth, cf. R 1321.21–2 *Och or kollet. ameil lunet. em oleuni* (marwnad Gruffudd ap Maredudd i Wenhwyfar).

pannor Llsgr. B *banaᴃr* (heb ddyblu'r *n*). Ni cheir y ffurfiau *panawr, panor* yn GPC, nac ychwaith *pannawr, pannor*. Ai *pân* 'ffwr, croen anifail' yw'r elfen gyntaf? Haws gennyf ddilyn awgrym Dr Iestyn Daniel yn ei nodyn ar *pannawr* (GC 11.139)—sef diwygiad i *panor* y Llyfr Coch—lle y cynigir yn betrus y daw *pannor* o'r f. *pannu* gyda therfyniad e. *-or* fel a geir yn *telynor*, &c. 'Wrth ddweud bod gan Drahaearn gorff fel pannwr', meddir, 'yr hyn a olygir, y mae'n debyg, yw ei fod yn fawr ac yn arw fel un a ddilynai'r gorchwyl hwnnw', *ib.* 165. Cf. isod 9.57 *caill crydd cryf*. Sylwer, fodd bynnag, na cheir enghreifftiau dychanol yn GPC 2680 d.g. *pannwr, pannydd*, i'r gwrthwyneb yn GDG³ 424 *Penial cerdd dyfal dafawd, / Pen ar y gwŷr, pannwr gwawd* (marwnad Madog Benfras i Ddafydd ap Gwilym). Posibilrwydd arall yw ystyried *pannor* yn amrywiad ar *pannordd* 'gordd bannu', yng ngoleuni 9.9 isod *Brad iad iwdbren, pen pannordd*; cf. yr arfer cyffredin ar lafar o ollwng yr *dd* ar ddiwedd gair.

14 **pen cnaw** Nodir yr enghraifft hon yn GPC 518 d.g. *cnaw*: '[cf. Gwydd. *cnáim* "asgwrn", *tulchnáim* "asgwrn pen"] … ?Asgwrn, asgwrn pen'. Diwedda llau. 33 a 43 isod â sillaf acennog, ac ni chofnodir y ffurfiau cyfansawdd *pencnaw, pencno* cyn yr 17g. yn ôl GPC 2735.

15 **cyllestr** Llsgr. B *kyllystyr*. Ni cheir enghraifft arall o *cyllystr*. Annhebyg mai'r ffurf l. yw hon yn ôl G 231 d.g. *kyllest(y)r*.

16 **grombil** Amrywiad ar *crombil* (?*crom* + *pil* 'croen') gyda threiglad meddal yma, gw. GPC 610 a cf. R 1364.3–4 *gᴃein uein uaᴃ rombil* (yr Ustus Llwyd). Ergyd y ll. yw mai gwag oedd bol Tarre cyn ei farw, ac yntau mor lwth yn ei fyw.

17 **cymhwyllais** 'Crybwyll, sôn am, dweud, traethu, adrodd, cyhoeddi; canmol, moli', GPC 766. Y mae'r olaf o'r ystyron hyn yn gyffredin gan y beirdd, ond â'r enghraifft hon, cf. yn arbennig GLlLl 6.25 *Ef gogel gogan gymhwylleid*. Cf. hefyd isod 3.3 *Rhyfyctwyll crybwyll cribau—blonectawdd*.

pigfast Y mae'r ffurf hon yn dywyll.

18 **cystain** Unig enghraifft. Yn ôl GPC 816, '[*cy-²* + *stain*, cf. *darstain*, *torstain*] a. ?yn codi, yn cynyddu' (gan ddilyn G).

19 **cymu** Ffurf 3 un.grff.myn. y f. *cymodi*, *cymod*.

21 **nid rhech ... nid rhaith** Llsgr. B *ny rech ... ny reith*. Ymddengys fod llau. 21–2 yn llwgr yn y llsgr., efallai dan ddylanwad *ni ... ni* yn ll. 23. Y mae'r amser pres. yn anghyson â gweddill y gerdd, ac yn enwedig â *Ni rifai ... ni roddai* yn ll. 23. Er nad amhosibl deall *rhech* yma yn ffurf 3 un.pres.myn. y f. *rhechain*, *rhechu*, i'r 15g. y perthyn yr enghraifft gynharaf o'r f. yn ôl GPC 3043, tra ceir yr e. *rhech* o'r 14g. ymlaen. Yn fwy arwyddocaol, ni chofnodwyd enghraifft o'r f. *rheithio* yn gynharach na'r 18g. yn ôl GPC 3053. Deellir *rhaith* yma yn e., 'cyfraith, deddf', &c., cf. 1.2 uchod.

anwared Dilynir GPC 163 d.g. *anwared¹* lle y nodir yr enghraifft hon fel a. 'diymwared, nad oes wared ohono neu iddo, anesgorol'. Cf. disgrifiad Gruffudd ap Maredudd yn ei awdl gyffes o un o'i bechodau fel *g6eithret anwaret* (R 1332.41–2).

22 **nid rhwy** Llsgr. B *ny r6y*. Ymddengys y cyfuniad *ni rwy* yn ddiystyr. Diau mai a. neu e. yw *rhwy* yma, 'gormodol, eithafol; gormodedd', &c. Cf. GCBM ii, 18.76–7 *Nid rhwy o awydd a weinyddais, / Nid rhwy o obrwy ryobrynais*.

brywed Gradd gfrt. *bryw* 'bywiog, egnïol, grymus', gw. G 81.

23 **rhifai** Yn yr ystyr 'cyfrif o werth, gwerthfawrogi, parchu, anrhydeddu', &c., gw. GPC 3070 a cf. GDG³ 368 (139.5) *Nêr a rifer o Rufain*.

Prydain Cymerir mai 'gwŷr Prydain' a olygir (cf. uchod 1.19), sef, o bosibl, yr Albanwyr yma. Gellid deall *Prydain* yn oddrych a throsi 'Ni pharchai gwŷr Prydain [ef]', ond yn niffyg gwrthrych ymddengys hynny'n chwithig.

24 **mysain** Cf. isod 6.27. Cyfuniad o *mws* a *sain* yn ôl GPC 2542. Cf. *fysog fesur* ll. 12 uchod—ai cyfeirio a wneir at sain aflafar y delyn? Nid annichon mai *hain* yw'r ail elfen, sef amrywiad ar *haint*.

mesur Ystyr 'rhoddi mesur ar' yw gosod pwys ar rywbeth, gw. GPC 3090 d.g. *rhoddaf*.

26 **Blaen Barre** E. ardal i'r gorllewin o Gapel Cynon yn ne Ceredigion. Cwyd nant Barre yno a rhed drwy Gwm Barre i Geri yn Aberbarre

bron gyferbyn â'r Frenhinlle tua dwy filltir i'r gogledd o Rydlewis, gw. EANC 22–3. Ceir fferm Blaenbarre yng nghyffiniau Rhydlewis.

ffleiriaw Gall *ffleirio* olygu 'rhechain' yn ogystal â 'drewi', GPC 1295.

27 **cystudd pob anrheg** Cf. ll. 14 *Cyllid pob neithor* a ll. 31 *mawrllid cyfeddach*. Tebyg yw'r ergyd yn y fan hon, yn ôl pob golwg. Ymddengys mai 'saig, ymborth' yw ystyr *anrheg* yma, gw. GPC 153.

28 **pwd** Llsgr. B *boyt*. Pur annhebyg y bwriadwyd *bwyd* ddwywaith yn yr un ll. Drwy ei ddiwygio yn *bwd* ceir y treiglad meddal a ddisgwylid yn dilyn *oedd*, a chedwir y gynghanedd sain gywrain. Gw. GPC 2936: '*pwd*¹ [?cf. S.C. *pouten out* 'to swell, erupt' ...] *eg.* Clwy'r afu, braenedd, ffliwc; llaid, llaith, lamri, afiechyd llidus ar y droed (ar ddefaid a gwartheg); twbercwlosis (ar wartheg); afiechyd (ar ddefaid) sy'n peri chwydd dan yr ên; hefyd yn ddifr. am berson'. Cf. isod 9.23 *Pwd croen difrwd crawn dyfrys*. Posibilrwydd arall, llai argyhoeddiadol, efallai, yw hepgor yr *w* yn hytrach na'r *y* o *bwyd* a'i ddeall yn ffurf dreigledig ar *pyd* 'perygl, enbydrwydd, ymosodiad cudd, magl', &c., gw. GPC 2959 d.g. *pyd*¹.

29 **morwch** Cyfuniad o *môr* + *hwch*, gw. GPC 2495. Morlo, creadur blonegog fel Tarre ei hun.

hôr-ddala Yn betrus iawn y cynigir y dehongliad hwn o ddarlleniad llsgr. B *Moroch ordal*ᵃ (a'r *a* wedi ei hychwanegu ar ddiwedd y gair a phwynt dileu oddi tani). Nodir yr enghraifft hon yn G 290 d.g. *dala*² 'colyn, brath', gan sylwi mai deusill ydyw yma ond unsill yn wreiddiol. Ceir ystyr fwy boddhaol yng nghyd-destun y ll. o ystyried *dala* yn fe. mewn perthynas â *hôr*, gair cyffredin yn y canu dychan; gw. GPC 1898 d.g., 'llau (yn enw. ar foch), yn *ffig.* pobl dew neu ddiog, ?puteiniaid' (a dylanwad S. *whore* ar rai o'r ystyron ffigurol a nodir, o bosibl). Cf. hefyd *horog* 'bawlyd, lleuog', isod 8.24, naill ai o *hôr* neu o'r S.C. *hore* 'baw, budreddi', GPC 1898. Ai posibl ystyr debyg i 'yn dal budreddi (yn ei rawn)' i *hôr-ddala*, yn hytrach nag 'yn dal llau'?

ysmala Yn ei hen ystyr, 'taer, haerllug', mae'n debyg, gw. GDG³ 486; PKM 287–8; TW *importunus*.

31 **merllyd** 'Llawn mêr, meraidd, seimlyd', GPC 2435 d.g. *merllyd*²; cf. isod 7.12 *Merllyd er Ynyd ei eirinial*.

32 **Byrnach** Ffurf ar enw'r sant Brynach (gw. LBS i, 321–7), a welir yn enw plwyf Llanfyrnach yng nghantref Cemais yn Mhenfro; yr oedd ei eglwys fawr yn Nanhyfer, gw. ETG 46. Gall hwn fod yn gyfeiriad at y sant ei hun, neu, efallai, at yr ardal a gysylltid ag ef.

33 **bochau** Llsgr. B *boche*. Gwall copïo, mae'n debyg, yn hytrach na'r ffurf lafar.

balleg frwyn Llsgr. B *ballet*. 'Cawell frwyn', gw. GPC 252 d.g. *balleg*: '*eb*. Cawell, yn enw. cawell neu gryw o wiail i ddal pysgod; rhwyd; cod, pwrs' (nodir yr enghraifft hon). Cf. isod 3.4 *balleg ffeiriau*, ac R 1276.22 (dychan o waith Madog Dwygraig).

35 **bachell** 'Congl, cornel, cilfach', GPC 247. Gall olygu bod Tarre yn arfer cilio o olwg pobl, ond haws ei ddeall yn gyfeiriad eironig at gilfach gyfyng y bedd.

nyw garai Anghyffredin yw'r treiglad meddal yn dilyn *nyw*, sef y neg. a'r rh.m. 3 un. (gw. GMW 55–6), ond cf. GDG³ 35 (13.29) *nyw ballai*.

36 **heiriaw** 'Treulio, gwario, difa, gwastraffu', gw. GPC 1841 d.g. *heiriaf*. 'Difa', efallai, yma, ond cf. E.G.B. Phillimore, 'A fragment from Hengwrt MS. No. 202', Cy vii (1886), 141 *Gwell tolyaϭ no heiriaϭ*, dihareb a gofnodwyd yn y 14g. Ai grym *esgud heiriaw*, felly, yw ei fod yn sydyn i wario'i arian (cf., e.e., ll. 38 *Llawer oedd ei fwyd …*)?

37 **Cwm Cawlwyd** Tebyg mai at Gwmcawlyd ym mhlwyf Llandeilo Fawr yn sir Gaerfyrddin y cyfeirir (WATU 52), yn hytrach nag at yr ardal o'r un enw rhwng Capel Curig a Llanrwst a welir, mae'n debyg, yn *Cuan Cwm Cawlyd* yn chwedl yr Anifeiliaid Hynaf (gw. CO³ liii n.).

38 **llwydaw** Llsgr. B *lϭydaϭ*, sef 'lwyddaw', yn ôl orgraff arferol y llsgr., ond rhydd y diwygiad cynghanedd lusg â *fwyd* yn ogystal ag ystyr esmwythach.

39 **llofrudd** Llsgr. B *llofryd*. Fe'i dosberthir yn GPC 2201 d.g. *llofrydd* '?*llawrydd, hael; aflywodraethus*', yr unig enghraifft cyn P. Dichon y gellid darllen *llofrydd ddryll mehin* (gan ddeall *dryll mehin* yn drosiad am Darre), ond ceir amgenach ystyr o'i ddiwygio yn *llofrudd*; cf. *uaredyd* am *uaredud* yn 1.31 uchod.

dryll mehin 'Telpyn o fraster', cf. isod 7.25 *mehinddryll*, 8.37 *mehindawdd*; GDG³ 62 (21.68) *mehinwledd* (wrth ddychanu glythineb Rhys Meigen). Â'r holl sôn am wêr a bloneg yma ac yng ngherddi dychan eraill y gyfrol hon, cf. y disgrifiad o hawliau'r maer biswail, swyddog a ddeuai o blith y taeogion, yn LlB 27 (llau. 17–24): *Maer bissweil a geiff crwynn yr ychen a'r gwarthec a ladher o'r llys, os ketwis wynt teir nos. Ef a geiff amobreu merchet y vilaeineit a fwynt y mywn maertrefi y llys; a gwer a blonnec yscrybyl y llys. Kyt sarhao y gwassanaethwyr y maer bissweil wrth dwyn bwyt a llynn o'r gegin ac o'r vedgell parth a'r neuad, ny diwygir dim idaw am hynny.*

41 **bremenig** 'Rhechlyd, yn torri gwynt' (?*bremain* + -*ig*), GPC 318; cf. isod 6.24 *March glermwnt bremienig*.

42 **trigaw** Llsgr. B *driaϭ*. Gellid ystyr debyg i 'cilio ymaith, darfod' i *triaw* o'i gymryd yn ffurf ar *treiaw* (proflen anghyhoeddedig GPC d.g. *treiaf*), ond y mae'r diffyg cynghanedd yn y ll. hon fel y'i ceir yn y llsgr. yn

annodweddiadol. O ddarllen *drigaw* ceir cynghanedd lusg fel a geir yn llau. 10, 16, 34, 38 a 40.

44 **Suddas** Jwdas Iscariot. Cf. *Suwddas* yn 8.54 isod. Ar ffurf yr e., gw. DGG² 232–3 a GSRh 12.125n.

swyddau iddaw Â'r gystrawen hon cf. isod 9.33–5 *Swydd ewingwydd, awengar / Y sydd i'r efrydd afrwr, / Dwyn cwd afwyn Cedifor ...*; GDG³ 168 (63.51–2) *Mae i tithau, gau gofwy, / Swydd faith a llafur sydd fwy* ('Cyngor y Biogen').

3

Yn ôl y pennawd a geir yn y Llyfr Coch, Siwan Morgan o Aberteifi yw gwrthrych yr awdl ddychan hon. Yr oedd Siwan (o'r S. *Joan*) yn enw cyffredin yn y bedwaredd ganrif ar ddeg, ond ni lwyddwyd i ganfod yr un Siwan ferch Morgan yn yr achau a allai fod â chysylltiad ag ardal Aberteifi. Honna Prydydd Breuan i'r ferch hon ei dwyllo er ei fod yn fardd a phrydydd uchel ei barch, ac er iddo gael ei rybuddio ganwaith yn ei chylch. Bu iddo ddioddef *cystudd a cholledau* o'i phlegid (ll. 26), ond nid yw'n glir ai dadrith serch sy'n gyfrifol am hynny ynteu a ddaliodd glefyd corfforol rhywiol oddi arni, fel yr awgrymir yn llinell 20—*Rhy'm gwnaeth gelynnaeth â'i galwynau.* Awgryma'r gair *anudon* yn y llinell olaf ei bod, efallai, wedi dwyn gau dystiolaeth yn ei erbyn. Beth bynnag yw sail ei ddicter, y mae'n tywallt ei holl ffieidd-dod ar gorff blonegog Siwan ac, yn bennaf oll, ar anlladrwydd ei bywyd rhywiol. Fe'i disgrifir fel putain a'i chorff yn agored i'r byd, gan ddyfalu ei chedor yn y pumed pennill fel pentis neu gwt rhochlyd, fel ffynnon laith ac fel rhwyd sbwriel. Fel yr awgryma'r nodiadau isod, y mae cryn debygrwydd rhwng y gerdd hon a'r dychan i anlladrwydd rhywiol Mallt ferch Dafydd yn awdl Madog Dwygraig, 'Afallen beren ...',[1] ond prin yw'r dychan i ferched ifainc o'r cyfnod hwn. Pur wahanol yw'r dychan yn englynion Madog Dwygraig i wrach ddienw,[2] ac yng nghywydd Iolo Goch i'r wrach arall, fwy adnabyddus honno, Herstin Hogl.[3]

Ceir cyfuniad anghyffredin o fesurau yn yr awdl hon: ugain llinell ar fesur gwawdodyn, wyth llinell o awdl-gywydd, ac englyn unodl union i gloi. Fel yng ngherddi 1 a 2, cynganeddion sain a ddefnyddir amlaf, a llawer ohonynt yn bengoll. Ceir sain deirodl yn llinellau 1 a 5, a sain ddwbl yn llinellau 13 a 18, ac unwaith eto ceir defnydd helaeth o gymeriad llythrennol a chynganeddol. Annisgwyl yw gweld cynghanedd lusg yn llinell olaf englyn (gw. ll. 32n isod), ond mwy annisgwyl fyth yw gweld pennill mor syml o awdl-gywydd heb ddim cynghanedd nac addurn ar ei gyfyl ac eithrio'r odl

[1] R 1274–6.
[2] *Ib.* 1274.
[3] GIG 161–5 (XXXVI).

gyrch sy'n nodweddu'r mesur. Yr unig beth tebyg y sylwyd arno o'r cyfnod hwn yw'r enghraifft o awdl-gywydd yng Ngramadeg Einion Offeiriad:

> O gwrthody, liw ewyn,
> Gwas difelyn gudynnau,
> Yn ddiwladaidd, da ei lên,
> A'i awen yn ei lyfrau,
> Cael yt filain aradrgaeth,
> Yn waethwaeth ei gyneddfau.[4]

Hawdd credu y byddai penillion rhwydd, diorchest o'r math yma ar fesur awdl-gywydd—sef mesur carol yn ddiweddarach, yng nghyfnod y canu rhydd—yn gyffredin yng nghanu'r glêr ofer.[5]

1 **rhyfan** Cyfuniad o *rhy* + *mân* 'distadl, dinod, iselradd', &c. Cf. isod 9.8 *mân odlau*.

    fraen ogofau H.y. gogofau braen. *Gogof* yw'r ffurf hyd yr 16g. yn ôl enghreifftiau GPC 2638 d.g. *ogof, gogof*, cf. Crn.Diw. *googoo*.

2 **llestair** Cf. YCM[2] 178 (llau. 14–15) *godineb, yr honn yssyd lesteir eneit a chorff*.

3 **crybwyll** Er bod darlleniad llsgr. B *kyrbωyll* yn ffurf ddilys, fe'i diwygiwyd er mwyn y gynghanedd â *cribau*. Yr ystyr 'moli, clodfori' sy'n ymddangos fwyaf addas yma, cf. *cymhwyllais* 2.17n uchod.

    cribau 'Crwybrau, diliau mêl', mae'n debyg, yn drosiad am gorff blonegog Siwan, gw. GPC 594, G 175.

4 **balleg** Cf. 2.33n uchod, ac â'r ll. hon cf. yn arbennig R 1276.22 *aeth yn vallec oe thinuolli* (dychan Madog Dwygraig i Fallt ferch Dafydd, 'Afallen beren …').

5 **rhylodig** Cyfuniad o *rhy* + *llodig* 'mewn gwres (am hwch), yn gofyn baedd; chwantus, anllad', GPC 2197; cf. ll. 31 isod.

    ceinig 'Taer, ymwthgar', mae'n debyg, o *ceinio* '?sarhau; herio' (cf. *ymgeinio*), gw. GPC 453.

7 **rhe** GPC 3042: '*rhe*[1] [bôn y f. *rheaf*: *rhe* …] … Buan, cyflym; ?llam- sachus, chwareus; ?trythyll'. O blith yr enghreifftiau a ddyfynnir, hon yn unig sydd mewn cyswllt dychanol neu rywiol.

    ceubal O'r Llad. *caupulus, caupalus* 'cwch bychan'. Yn ogystal â 'cwch' datblygodd yr ystyr 'bol (gwancus), stumog', gw. GPC 472 lle y nodir hon fel yr enghraifft gynharaf o'r gair yn yr ystyr honno.

---

[4] GEO 73 (rhif 33). Ceir fersiwn gwahanol, hwy o'r pennill yn Pen 20, gw. *ib.* 172 (rhif 37). Ar y mesur gw. J. Morris-Jones: CD 327–8.
[5] Gw. DGIA 69, 107.

ni faddau Gellid deall *ni* yma yn rh.pth., h.y. '*nad* yw'n maddau' (yn yr ystyr 'hepgor, ymwrthod â').

8 **rhau** Awgrym GPC 3040 d.g. *rhau*[1] yw '?golud, hefyd yn ddifr.'; cf. *rheuedd, rheufedd* 'cyfoeth, golud, trysor', *ib.* 3063, a *direufedd*, 6.47 isod. Gw. hefyd GCBM ii, 9.54n a cf. isod 9.93 *A'i chodau a'i rhau a'i rhech*; R 1270.19 *arch y wr gõann rann or reu* (dychan eto, o waith Madog Dwygraig). Yng nghystrawen y ll. hon awgrymir yn betrus fod i'r gair rym ansoddeiriol, 'goludog', cf. *canrheg biau*.

9 **rhole** Ni restrir y gair hwn yn GPC, ond tybed nad ffurf ydyw ar *rhôl*[3], GPC 3093: '[cf. S.C. *rollen* "to burnish, polish"; ansicr yw'r ff. a'r ystyr] *e?g* ?Offeryn caboli'? Yr unig enghraifft a ddyfynnir yw WM 226 (llau. 17–20) *Achõech ereill o nadunt a gymerth vy arueu ac ae golchassant y myõn role* (RM 164 *rol*). Yn betrus iawn y cynigir mai disgrifio gloywder y *sws* a wna'r gair yn y fan hon. Posibilrwydd arall yw diwygio yn *rhyle* '?distryw' (GPC 3140), a fyddai'n gyson â'r cymeriad *rhy-* yn y pennill hwn ac yn odli'n ddwbl â *dyle*.

sws Ar broflen anghyhoeddedig GPC dyma'r enghraifft gynharaf d.g. *sws*[2] 'amryw rannau o fochyn wedi eu piclo, ?hylif piclo, hefyd yn *ffig.*' (o'r S.C. *souse*, neu'n uniongyrchol o'r H.Ffr. *sous*). Cf. D.J. Bowen, 'Two "Cwrs Clera" Poems', Cylchg LlGC vii (1951–2), 276 *Sws gwyn sobr saws gwaun sybwll* (dychan Hywel ap Syr Mathew i Fynydd Hirddywel, 16g.).

tyle dan Llsgr. B *dyledan*. Cymerir mai'r ardd. *dan* a'r ffurf *dyle* sydd yma, i odli â *rhole* ac i gyflythrennu â *dalau* mewn cynghanedd sain nodweddiadol o'r bardd. Dichon mai ffurf dreigledig *tyle* 'llethr, rhiw, bryn', &c. ydyw (yn drosiad am fol helaeth Siwan?)—cf., e.e., GLILl 9.33n—ond ymhlith ystyron eraill y gair ceir 'clustog, gobennydd, glwth, gwely' a 'twlc' (proflen anghyhoeddedig GPC; gw. hefyd DGG[2] 240 ac Ifor Williams: ELl 30).

saws dalau Ansicr yw'r ystyr eto. Ai rhywbeth tebyg i 'ddysglau saws'—cf. DGG[2] 120 (67.40) *llun llestr y saws*—yn drosiad am fronnau Siwan? Un ystyr i *tâl* yw 'blaen' neu 'wyneb', gan gynnwys wyneb neu fogel tarian, cf. GLlF 14.84 *Diarchar aryal a dan daleu* 'Gwrol [yw eu] hanian o dan wynebau tarianau' ('Hirlas Owain'); cf. *ib.* 14.47n.

11 **gwaedled** Ffurf f. yr a. *gwaedlyd*, GPC 1546.

saith cant cnych Gellir *can* neu *cant* o flaen e., gw. G 108 d.g. *cant*[1] a'r enghreifftiau a roddir yno, a cf. isod ll. 25 *gant rhybudd*. Â'r ll. hon cf. yn arbennig R 1275.28–30 *Seith gastyr aeth yndi a seith ugeint / olodreu rieu ry anghyõreint* (Madog Dwygraig, 'Afallen beren ...').

12 **cedorwlych** Cymerir mai bôn y f. *gwlychu* yw'r ail elfen, cf. *gruddwlych*, &c., a gw. G 693 d.g. *gwlych*[1].

cnecau   O'r S. *knack 'click, crack, a clicking noise'*, efallai dan ddylanwad *clec*, gw. GPC 519 a cf. isod 9.88 *gnec noeth gnuch* ac 8.6 *cneciog gnocell*.

13   **maedd-dwll**   Cymerir mai bôn y f. *maeddu* 'curo, pwyo', &c., yw'r elfen gyntaf, yn hytrach na'r e. *baedd*.

     cwll 'Bron, mynwes; bol; stumog' o'r Llad. *culleus* 'cwdyn, sach', GPC 640; cf. *cylla*.

14   **gwân**   Ffurf 3 un.pres.myn. y f. *gwanu*. Dyfynnir y ll. hon yn GPC 1572 d.g. *gwanaf*[1] dan yr ystyr 'trywanu neu roi hwrdd â'r wialen neu'r gala (wrth ymgydio), cnuchio, gwneud yn feichiog, ymrain'.

15   **rhid**   'Ymgydiad â'r fenyw (am anifeiliaid), pariad, hefyd yn ddifr.', GPC 3067; cf. R 1276.2–3 *Kyt ryt rit kann was kevyn weinlevyn wanlas* (Madog Dwygraig, 'Afallen beren ...').

     taengar   Dyma'r unig enghraifft yn slipiau Geiriadur Prifysgol Cymru, lle y cofnodir awgrym J. Lloyd-Jones, *'prone to spread'*. Oherwydd y treiglad meddal fe'i cysylltir ag *anwar* (ac iddo rym enwol, o bosibl, 'merch anwar') yn hytrach nag â'r eg. *rhid*. Posibilrwydd arall yw fod *dayngar* llsgr. B yn wall am *davyngar*. Ni restrir y ffurf *dafngar* yn GPC, ond cf. R 1276.1 *davyngoll dyvyngont*, ib. llau. 23–4 *Kylch y harffet rac y dofynet oed yn defni* (Madog Dwygraig, 'Afallen beren ...'). Rhydd *daengar* well cyflythreniad â *dingau*.

16   Ll. sydd bron yn union yr un fath â ll. 8 uchod. Tebyg fod y naill neu'r llall yn llwgr.

17   **rhoch**   Fe'i deellir yn e. ac iddo rym a., 'rhochlyd', cf. GPC 3083 d.g. *rhoch*[1], ond y mae'n werth nodi bod Roch yn blwyf yng nghantref Rhos ym Mhenfro (WATU 185), heb fod ymhell iawn o gynefin Prydydd Breuan ei hun.

     cynllai   Dilynir awgrym petrus G 251, 'blaen-dywyll' (*cyn* + *llai* 'llwyd, brown', &c.); nis rhestrir yn GPC.

     berffrai   Unig enghraifft eto. Nis rhestrir yn GPC, ond awgryma Lloyd-Jones ei darddu o'r S.C. *berfrey, berfray* (o'r H.Ffr. *berfrei*), hen ffurf *belfry*, yn un o'i amryw ystyron, *'wooden tower, penthouse, shed (for cattle), watch-tower, bell-tower'*, G 55. Annhebyg mai 'clochdy' a olygir, gan mai i'r 16g. y perthyn yr enghreifftiau cynharaf o'r ystyr honno yn S., gw. OED[2] d.g. *belfry*. Yn wreiddiol, golygai'r gair: '*A wooden tower, usually movable, used in the middle ages in besieging fortifications. Probably, in its simplest form, it was a mere shed or penthouse, intended to shelter the besiegers while operating against a fortification; but in its developed form it was constructed with many offensive appurtenances, so as to make it a formidable engine of attack.*'

18 **rhaith** 'Deddf, rheol', &c., cf. 1.2 uchod—ag ystyr debyg i 'natur, anian' yma, efallai (er na nodir yr ystyr honno yn GPC).

20 **rhy'm** Gn. rhagferfol *rhy* a'r rh.m. 1 un. *'m*; gw. yr enghreifftiau o'r cyfuniad hwn a restrir yn GPC 3122–3 d.g. *rhy*². Y ffurf gyfystyr *neum* a geir yn llsgr. B, ond y mae hynny'n torri'r cymeriad llythrennol *rh-* a gynhelir ym mhum pennill cyntaf yr awdl, ac nid oes yma gymeriad synhwyrol i gyfiawnhau hynny.

21 **bythwn** Ffurf 1 un.amhff.dib. y f. *bod*, cf. *byddwn*, *bawn*, GMW 138.

22 **ar swrcodau** Tiwnig, yn enwedig un o frethyn drudfawr, yw *swrcod*, o'r S.C. *surcot* neu'n uniongyrchol o'r H.Ffr. Cf. R 1365.34, ac WM 181 (llau. 33–4) *As*ŏ*rcot o pali eureit ymdanei*. Anghyffredin yw'r defnydd hwn o'r ardd. *ar*, ond cf., efallai, *ar dref y dat*, *ar longeu*, *ar yr auon* a ddyfynnir yn GPC 173 d.g. *ar*¹ dan yr ystyr 'yn, mewn'.

24 **Cynllo** Cf. uchod 2.8n. Ar y sant hwn gw. LBS ii, 263–4.

Tybïau Ffurf ar *Tybïe*, enw'r santes a gysylltir â Llandybïe yn sir Gaerfyrddin, gw. LBS iv, 282 a Jane Cartwright, *Y Forwyn Fair, Santesau a Lleianod: Agweddau ar Wyryfdod a Diweirdeb yng Nghymru'r Oesoedd Canol* (Caerdydd, 1999), 91.

28 **gwaeddan** 'Gwaeddwr, crïwr, un sy'n gweiddi neu grio ei nwyddau', mae'n debyg, yn hytrach na'r e.p. *Gwaeddan*, gw. GPC 1548, G 601; cf. Pen 67, 26 *nid daf* [sic] *ni weddaf yn waeddan mewn tref* (Hywel Dafi). Â'r ll. hon, cf. yn arbennig GDG³ 230 (84.19–22) *Gwiwddyn wyd, Gwaeddan ydwyf, / Gwaethwaeth newidwriaeth nwyf. / Gyrraist fi yn un gerrynt / Gwaeddan am ei gapan gynt*, lle y gellir ystyried yr enghraifft gyntaf o'r gair yn e. cyffredin, fel y gwneir yn G a GPC ac fel yr awgryma'r e. *newidwriaeth* 'masnach, cyfnewid'. Ar yr e.p., a geir, mae'n debyg, yn 6.94 isod, gw. GDG³ 509.

newidiau Dilynir GPC 2576 d.g. *newid*¹, lle y dyfynnir yr enghraifft hon dan yr ystyron 'cyfnewid (ariannol, masnachol, &c.); nwydd(au)', &c. Anodd dewis yma rhwng 'nwyddau' a 'bargeinion'.

30 **llamfa** 'Man neidio'. 'Llamfforch, S*cala agrestis*' (sef camfa, sticil) yn ôl John Davies, D d.g. Dyma'r enghraifft gynharaf yn GPC 2092; cf. yr ystyr arall i *llamu*, y ceir enghreifftiau cynnar ohoni, 'neidio mewn cytgnawd (yn enw. am deirw a hyrddod), ymrain, cnuchio', *ib*.

31 **llindag** Tebyg mai 'gwddw' a olygir yma yn hytrach na 'tagiad' neu 'magl, cortyn', &c., gw. GPC 2181, a cf. isod 8.29, 10.3.

toll Ffurf f. yr a. *twll* 'tyllog, trywanedig, clwyfedig'. Gan mai eg. yw *llindag*, deellir *gwiddon ... llindag doll* 'gwrach ... glwyfedig ei gwddw'; cf. *merch benfelen* a GP 6 (llau. 25–6) *gwreic wenn y dwylaw*.

boll 'Agored, rhwth', GPC 298; cf. *ffroenfoll*, &c., a'r f. *bolli* 'agor, lledu, rhythu' a geir yn ll. 4.

32 Annisgwyl yw canfod cynghanedd lusg yn ll. olaf yr englyn. Yn ôl GP 190: *gwaelaf yw hi [i] gyd o'r holl gynghaneddion, ag o rann hyny, ni byddir yn i Roi ond yn y braych nesaf at yr olaf bob amser i englyn ag i gowydd ne i odlav.* Yn ôl J. Morris-Jones: CD 180, nid oedd hon yn rheol bendant adeg llunio Gramadeg Einion Offeiriad yn y 14g.; cf. GEO 77 (rhif 36) *Y'm gŵyl gwylwar Angharad* (ond sylwer ar y cyflythreniad yng nghanol y ll.), a 78 (rhif 37)—englyn diffygiol, nid am fod cynghanedd lusg, *Main a'u nadd yn Hiraddug*, yn y ll. glo, ond am fod dwy l. yr esgyll yn gorffen yn ddiacen (enghraifft o'r bai 'carnymorddiwes'). Sylwer hefyd fod yr englyn hwn wedi ei briodoli yn y Gramadeg i Wilym Rhyfel (12g.)—fe'i ceir hefyd yn GLlF (rhif 29). Ceir ambell enghraifft arall yng ngwaith Beirdd y Tywysogion, e.e. GCBM i, 12.16, 48, 25.12; GLlLl 28.20. Gan nad oes tystiolaeth gyfatebol ddiamwys o gyfnod diweddarach gellid cyfnewid llau. 31 a 32 yma heb amharu ar yr ystyr, ond yn niffyg tystiolaeth lawysgrifol diau mai rhy fentrus fyddai hynny.

anudon Ffurf un. (ll. *anudonau*), 'camlw, llw celwyddog a dyngir yn fwriadol, gau dystiolaeth ar lw mewn cyfraith', GPC 160.

4

Tebyg mai rhyw delynor pengoch yw'r un a lysenwir 'Coch y Delyn' yn yr englyn hwn. Englyn proest dalgron ydyw,[1] yr unig enghraifft o'r mesur a briodolir i Brydydd Breuan. Dyma hefyd yr unig gerdd a briodolir iddo na chadwyd mohoni yn Llyfr Coch Hergest. Gorchest o englyn ydyw, wedi ei seilio ar enw'r gwrthrych, â chytseiniaid yr enw hwnnw'n ateb ei gilydd ym mhob llinell mewn cynghanedd groes rywiog. Fel yr eglurir ym Mhum Llyfr Cerddwriaeth Simwnt Fychan (*c.* 1570):

> Kroes rywiawc a vydd megys y galler i chanv wyneb a gwrthwyneb, ac yn groes gynghanedd i bob ffordd, val y mae y pennill hwnn:

> > Kv adardy, koed irdec.
> > Koed irdec, kv adardy.

> ... Ac o'r tri rryw groes gynghanedd vchod [y groes o gyswllt a'r groes ddisgynedig yw'r ddwy arall] gorav yw y groes rywioc, oherwydd gallv i throi wyneb a gwrthwyneb, a'i hodli ar yr akenn a vynner o'r ddwy.[2]

Yn y bymthegfed ganrif ceir ymarferion o'r math yma ymhlith 'Gorchestion' Dafydd Nanmor[3] a chan Ddafydd ab Edmwnd,[4] ac er nad oes sôn yng ngramadegau'r penceirddiaid am ganu cerddi cyfain yn y dull

---

[1] Gw. GP 8 a J. Morris-Jones: CD 324–5.
[2] GP 120 (llau. 1–25); cf. *ib.* 189, 210, a gw. J. Morris-Jones: CD 147.
[3] DN rhif LIV.
[4] DE rhif LXVIII; cf. hefyd Llsgr R. Morris 103.

hwn, ceir gan Ddafydd ab Edmwnd gywydd deuair fyrion gorchestol i'w
ganu wyneb yng ngwrthwyneb, ar yr un brifodl drwodd gydag odl arall cyn
yr orffwysfa ym mhob llinell fel y gellid troi'r cywydd tu chwith allan, fel
petai.[5] Yr un ddyfais a geir yn yr englyn hwn, â chanol pob llinell yn
proestio â'i gilydd, fel y byddai'n englyn proest yr un mor gywir pe troid
pob llinell o chwith, fel a ganlyn:

> Ci chwydalen, cuwch uwd-alw,
> Coched elin, cwch-dew ulw,
> Cachu dilan, cuchau delw,
> Coch y Delyn, cachad wlw.

Fodd bynnag, ni sylwyd ar ddim tebyg i hyn yng nghanu beirdd y
bedwaredd ganrif ar ddeg. Y mae'n wir fod gorchest fydryddol a chwarae â
geiriau yn nodwedd ar y canu dychan—canodd Trahaearn Brydydd Mawr,
er enghraifft, ddau englyn proest i'r 'coch' ar yr odl anaddawol -wsgl, -ysgl,
&c.[6] Y peth tebycaf a welwyd i'r englyn hwn yw dwy linell olaf englyn
proest a gynhwyswyd yn *Gwaith Dafydd ap Gwilym* ymhlith y cyfansodd-
iadau amheus eu hawduriaeth:

> Gagog wyd leidr a gwgus
> Gwgan dy drem a goeges
> gwd merw gidwm mevrys
> gi dv marw gad ym aros.[7]

Ond go brin mai i gyfnod Dafydd y perthyn yr englyn. Ychwaneger at hyn
y ffaith mai *cuch*, ac nid *cuwch*, a geir yn ddieithriad yn y bedwaredd ganrif
ar ddeg, yn ôl pob golwg,[8] ac na cheir enghraifft o'r gair *cachu* fel enw cyn
yr unfed ganrif ar bymtheg,[9] ac fe welir bod lle i amau'r tadogiad ar
Brydydd Breuan. Gan mai i ail hanner yr unfed ganrif ar bymtheg y
perthyn y copi llawysgrif cynharaf, y mae'n berffaith bosibl mai yn y ganrif
honno neu'r ganrif o'i blaen y canwyd yr englyn. Ond gan nas tadogir ar
fardd arall, fe'i cynhwysir yn betrus yma fel gwaith Prydydd Breuan.

1   **cuwch uwd-alw** Darlleniad y tair llsgr. yw *Kywch yw dalw*, ond anodd
    yw canfod dehongliad ystyrlon i'r ymadrodd 'cuwch yw d'alw'.
    Awgrymir, felly, ddarllen *Kywch ywdalw / ywd alw* a deall 'cuwch yn
    galw am uwd', a rydd ystyr fwy boddhaol.

    chwydalen Darlleniad y tair llsgr. yw *chwydalwn*. Rhydd y ffurf honno
    odl broest ddi-fai, ond, unwaith eto, anodd yw canfod ystyr foddhaol.

[5] DE cerdd LII.
[6] GGDT cerdd 14.
[7] GDG³ 414.
[8] Gw. G 184, GPC 632. Yr oedd *gwlw* hefyd yn ffurf gyffredin yn y 15g., gw. *ib.* 1684 d.g.
gwlf, gwlw.
[9] Gw. *ib.* GPC 374 d.g. *cachaf: cachu.*

Ai'r ffurf *chwŷd* + rhyw elfen arall sydd yma? Ceir *aliwn* 'estron' o'r
14g. ymlaen, GPC 75, a chofnodir *galwn* yn amrywiad ar *galwyn*, 18g.
ac ar lafar yn y De, *ib.* 1377. Ai *chwydal* (cf. isod 7.51 *chwydal—arffed* a
gw. G 282 d.g. *chwŷt*) + *gŵn*? Dichon mai'r gair *chwydalen* (ll.
chwydalau, chwydail) sydd yma, 'pothell, chwysigen ddyfrllyd', GPC
860, er na nodir enghraifft gynnar o'r ffurf un. hon. Yn ôl GDD 327
ceid y ffurf *whidalen* ar lafar yn Nyfed. Ceir y ffurf l. *chwydail* mewn
awdl ddychan o waith Llywelyn Ddu ab y Pastard, GLlBH 19.21.

2 **cwch-dew** *kwch dew* yw darlleniad y tair llsgr. Gan mai eg. yw *cwch* fel
rheol, tebyg mai ffurf gyfansawdd sydd yma, yn golygu 'tew fel cwch'.
O'i ystyried yn gyfansoddair llac y mae'n cynnal y cymeriad
cynganeddol *c–ch* ar dechrau pob ll. Am enghraifft o *cwch* mewn ystyr
ddifrïol, cf. GDG³ 205 (75.45–6) *Ac na edwch y cwch cau / I'm deol am
em Deau.*

ulw 'Lludw', o'r Llad. *pulvis.* Cf GDG³ 150 (56.3) *Aeth ulw dros frig
wyth aelwyd.*

3 **cuchau** Ffurf l. *cuch*, er mai *cuchiau* yn unig a roddir yn GPC 632 d.g.
cuwch¹, cuch; cf. R 1270.26 *gochel daly gucheu* (Madog Dwygraig).

delw Yn yr ystyr 'ffurf, llun, cyffelybrwydd', mae'n debyg, cf. isod
6.115 *delw diliwr plygiedig*, h.y. 'ar lun, tebyg i …'. Pe troid y
gynghanedd o chwith a darllen *Cachu dilan, cuchau delw*, gellid deall
'cuchiau [fel] delw'.

4 **cachad** 'Llwfr, ofnus, gwangalon' (h.y. cachgïaidd) yw ystyron cynnar
y gair, ac fel e. 'llyfrddyn', gw. GPC 374, d.g. *cachiad, -ad.* Cf. HMSS i,
322 *aryued vu gan baredur rac mor gachyat oed.* Fe'i deellir yn a. yma
yn disgrifio *gwlw.*

gwlw Amrywiad ar *gylf*, cf. *gylfin* 'pig aderyn'; gw. GPC 1684 d.g. *gwlf,
gwlw.* Tebyg mai at geg neu wep Coch y Delyn y cyfeirir, cf. isod 8.4
gwlf hog 'gylfin fel bilwg'.

Mynegai

cwch-dew 4.2n
cwll 3.13n
cydfod 1.21
cydfudd 1.21n
cyflwyddaw 2.2n
cyngor: yng nghyngor 2.5n
cyll gw. colli
cyllestr 2.15n
cyllid 1.6, 2.14
cymod(i): cymu 2.19n
Cymro: Cymry 2.9
cymryd gw. ceniad
cymudr 2.19
cymwyll: cymhwyllais 2.17n
cynllai 3.17n
cynnal: cynnail 1.22n
cynrhon 3.8, 16
cystain 2.18n
cysteg 2.28
cystlwn 1.23n
cystudd 1.15n, 2.27n, 3.26
chwydalen 4.1n
dadannudd 1.30n
dala gw. hôr-ddala
dawl gw. doli
delw 4.3n
dewrllawr 1.44n
difan 1.9
diserchson 3.15
distyll 1.26
diymadaw 2.10n
doli: dawl 1.11n
draenog 2.11n
dryll 2.39n
drythyll 1.25n
edyrn 2.3
efyll gw. afall
erchyll gw. archoll
erfyll gw. arfoll
eryr 1.4
esgyll gw. asgell
estyll gw. astell
eurdeml 1.42n

eurged 1.2n
ewingrach 2.31
ffleiriaw 2.26n
ffolen: ffolennau 3.10
ffustiaw 2.20
ffyll 1.23n
gair[1] 1.9, 41n
gair[2] 1.10n
galwyn: galwynau 3.20
garlleg 2.27
gast 2.18
glaif 1.15
goffestian 2.20
gogan 2.19, 3.29
gogof: gogofau 3.1n
grombil 2.16n
gwaedliw 1.6
gwaedlyd: gwaedled 3.11n
gwaeddan 3.28n
gwäell: gwëyll 1.24n
gwanas 1.8n
gwanu: gwân 3.14n
gwarant 1.38n
gwarchae 1.39n
gwarthfar 1.12n
gwawd 2.2n (a gw. prifwawd)
gwawdlwydd 1.6
gwaywdwn 1.24n
gweindwll 3.14
gweli: gwelïau 3.19
gwersyll 1.27n
gwerthfudd 1.11n
gwëyll gw. gwäell
gwiddon 3.29
gwin 1.8n, 11, 2.3
gwinwydd 1.17
gwlw 4.4n
gwrawr 1.41n
gwynwyll 1.17n
heiriaw 2.36n
helcud 1.15n
holli: hyll 1.14n
hôr-ddala 2.29n

tafell: tefyll 1.9n
tâl: talau 3.9n
taradr 2.24
tefyll gw. **tafell**
telynior 2.13
terrwyn 1.40n
tëyrn 1.14, 2.3
tingau 3.15
toll gw. **twll**
trawswalch: trawsweilch 2.2
treiddle 2.3
tridryll 1.16
trigaw 2.42n
trwydded 2.3n
tryfan 2.1n

twll: toll 3.31n
twrrach 2.11n
tyle 3.9n
tyllu: tyll 1.18n
uffernblas 2.43
ulw 4.2n
uwd-alw 4.1n
wrth 1.3n
yfed 1.2n
ysbwrial 3.19
ysbyd gw. **osb**
ysgai 2.36
ysgwn 1.24n
ysmala 2.29n
ystafell: ystefyll 1.8n

Enwau personau

Enwau lleoedd

GWAITH
RHYS AP DAFYDD AB EINION

Rhagymadrodd

Un gerdd a briodolir i Rys ap Dafydd ab Einion, sef cyfres o ddeg englyn dychan i un o'r enw Sawl a gadwyd yn Llyfr Coch Hergest. Nid oes ynddynt ddim sy'n bwrw goleuni ar gefndir y bardd, a'r cwbl y gellir ei gasglu'n bendant yw ei fod yn canu cyn tua 1400, sef adeg ysgrifennu'r llawysgrif. Llwyddwyd i ganfod tri gŵr a rannai'r un enw â'r bardd o'r bedwaredd ganrif ar ddeg. Yn gyntaf, Rhys ap Dafydd ab Einion Fychan a oedd yn fyw yn hanner cyntaf y ganrif, a'i gyndeidiau'n hanu o'r Cantref Bychan yn sir Gaerfyrddin.[1] Yn ail, Rhys ap Dafydd ab Einion o ardal y Drenewydd, a aned yn ail hanner y ganrif.[2] Ac yn drydydd, gŵr o'r un enw a fu'n ddirprwy ringyll yng nghwmwd Gwidigada yn y Cantref Mawr, sir Gaerfyrddin yn 1397–8, ac yn rhingyll yno am ysbeidiau rhwng 1398 ac 1431; bu hefyd yn bencais cymydau Gwidigada ac Elfed am ysbeidiau rhwng 1396 ac 1432.[3] Ond nid oes digon o sail i uniaethu'r bardd â'r un o'r gwŷr hyn.

Y mae'r gerdd hon yn rhan o draddodiad cryf o ddychanu lladron ar gân, traddodiad sy'n parhau yng nghanu rhydd y cyfnod modern cynnar.[4] Honnir bod y dihiryn arbennig hwn, lleidr defaid ac ŵyn, fel y'i gelwir, dan glo ac ar fin mynd o flaen ei well. Hyderir y caiff ei grogi am ei drosedd, neu, o leiaf, ei alltudio o'r wlad, a byddai llawer un, meddai'r bardd, yn falch o glywed ei farwnad. Tynnir darlun truenus ohono yn ei ddillad tyllog yn lloffa ymysg y soflwair yn sgil y llyffantod, a chloir y gerdd yn drawiadol drwy fynnu na ddaw'r un epil i'w ddilyn, yn null y math o felltithion anffrwythlondeb sy'n nodwedd ar draddodiad dychan Cymru ac Iwerddon fel ei gilydd.[5] Awgryma'r cwpled: *Hyn o orn-air, hen yw'r nâd, / Hwde eto hyd atad* (llau. 35–6) nad dyma'r tro cyntaf i Rys ap Dafydd ab Einion ddychanu'r truan hwn, ac y mae'n bosibl ei fod yn gyff gwawd cyffredin ymhlith y beirdd.[6] Dichon fod yma fwy nag awgrym o dynnu coes, fel yr awgryma ergyd fachog y cwpled hwn a'r ymadrodd coeglyd *bai o'th geniad—glau* (ll. 29).

Y mae'r englynion unodl union hyn yn symlach eu cystrawen ac yn llai dwys-ddelweddol na llawer o ganu dychan y Llyfr Coch. Ac eithrio'r englyn cyntaf, ceir cymeriad llythrennol ym mhob pennill. Awgryma'r diffyg

---

[1] P.C. Bartrum: WG1 'Trahaearn Fawr' 2.
[2] *Ib.* 'Elystan Glodrydd' 45.
[3] R.A. Griffiths: PW i, 402–3, 415.
[4] Gw. DGIA 50–1, a cf., e.e., gerdd 11 isod.
[5] Gw. *ib.* 39–40.
[6] Cf. *ib.* 49.

cynganeddion pengoll, a'r cyfartaledd cymharol uchel o gynghanedd groes a thraws, mai yn ail hanner y bedwaredd ganrif ar ddeg y cyfansoddwyd y gerdd.

5
Dychan i Sawl

Pwy wyd, mab gwrab girad,—corgïan
        Mywn cwr geol gaead?
        Mab i'r butain wain wibiad,
4   Ni ŵyr Sawl, faw diawl, ei dad.

Gwae dy fam noeth gam ban y'th gad,—wili
        Waelod nyth crach-hwyad;
        Gwyden aros, gwadn iriad,
8   Gwarth y cenhedloedd, nid gwad.

Nid mwy bai, gwestai gwastad—oreilid,
        Drwg yw'r olwg arnad,
        Na fwy yn unlle, fyn anllad,
12   No'r tau, o'r meddwl mau mad.

Sonfawr fant drysiant oer drwsiad,—a'r ab
        A reibiai bob marchnad;
        Sud crud croenfrith, chwith chwythiad,
16   Safn cath, ni saif o fywn cad.

Pam na chei ofram afrad—i'th ganlyn,
        Bogelyn baw goeliad?
        Pen digall poen diwygiad,
20   Pegor diystôr ystad.

Ban ddêl ynny fry o frad—dig ragor
        Dy grogi am ledrad,
        Bychan tuchan amdanad,
24   Bach ïach crach heb iach iad.

Llerra bygwl, nedd llawer bagad—llau
        A thyllau i'th ddillad,
        Lloffa yn ôl, ddeol ddyad,
28   Llyffan gweirsofl, brân heb rad.

Da chwedl i'r genedl, bai o'th geniad—glau,
Oedd glywed dy farwnad;
Deuwell no chaffel diwad
32   Dy ddwyn ar olwyn o'r wlad.

Hagrddant lledr dyfiant, lleidr dafad—ac oen,
Eginyn diasbad;
Hyn o orn-air, hen yw'r nâd,
36   Hwde eto hyd atad.

Ni cheir dy gynddrwg, ni chad— i'th enaid
O'th heiniar gyw crwydrad;
Ni cheir drwy serch na chariad
40   Nac epil na hil na had.

Ffynonellau
A—BL Add 15001, 97ʳ B—J 111, 1357 C—LlGC 4973B, 144ᵛ D—LlGC
21287B [= Iolo Aneurin Williams 1], 84ᵛ E—Llst 133, 876 F—Llst 137,
349

Seiliwyd y golygiad ar destun llawysgrif B, yr hynaf. Codwyd y gerdd i'r
holl lawysgrifau eraill un ai'n uniongyrchol neu'n anuniongyrchol ohoni.
Ymhellach ar y llawysgrifau, gw. isod tt. 151–2.

Darlleniadau'r llawysgrif
1 Pwyt; giriat. 7 gweden. 17 nachaei. 21 Pan. 38 *ychwanegwyd* oth heiniar
uwchben ohonat.

Teitl
Rys ab dd' uab einyon ae cant.

Dychan i Sawl

Pwy wyt, fab epa creulon, tipyn costog
Yn nghilfach carchar cloëdig?
Mab i'r butain â'r wain grwydrol,
4   Nid yw Sawl, y baw diawl, yn adnabod ei dad.

Gwae dy fam noethgam pan gafwyd ti, [un a'i] ?din
[Fel] gwaelod nyth crach-hwyad;
Un sy'n aros rhaff, irwr gwadnau,
8   Gwarth y cenhedloedd heb os.

Nid oes bai mwy (letywr di-baid ei ormes,
Drwg yw'r olwg arnat)—
Nac oes, yn unlle, fyn gafr anllad—
12   Na'r eiddot, yn fy marn glodwiw i.

Ceg swnllyd [lawn] dryswch, drist ei gwedd, a'r epa
A ysbeiliai bob marchnad;
Un croenfrith tebyg i gawell, lletchwith ei anadlu,
16   Safn cath, ni saif mewn brwydr.

Pam na chei ddirmyg di-ras i'th ganlyn,
Y cnepyn o lwythwr tail?
[Un â] phen ynfyd, poenus yr olwg,
20   Hen greadur llwm ei stad.

Pan ddêl inni fry drwy fradwriaeth llu dig
Dy grogi am ladrad,
Prin fydd y tuchan o'th blegid,
24   Gïach crachlyd [mewn] cilfach heb ben iach.

Cardota efrau yn ofnus [â] nedd [= wyau] llawer haid o lau
A thyllau yn dy ddillad,
Lloffa yn sgil (a golwg fel alltud arnat)
28   Llyffant soflwair, brân ddi-ras.

Newydd da i'r genedl (pe bai iti ganiatáu hynny'n ddi-oed)
Fyddai clywed dy farwnad;
Dwywaith gwell na chael gwadiad
32   [Fyddai] dy ddwyn ar gefn ceffyl o'r wlad.

[Un] hagr ei ddannedd, tebyg i ledr, lleidr dafad ac oen,
Eginyn dolefus;
Hyn o gerydd (hen yw'r gân),
36   Hwde eto hyd atat.

Ni cheir neb cynddrwg â thi, ni chafwyd yn dy fyw
O'th gnwd gyw crwydryn;
Ni cheir drwy serch na chariad
40   Nac epil na hil na had.

Nodiadau

5

1 **mab gwrab** Cf. isod 9.91 *Clerwriaidd fab ab ebwch*.

girad Llsgr. B *giriat*, ond ni welwyd enghraifft arall o'r ffurf honno. Diau mai'r a. *girad* sydd yma, 'chwerw, tost, creulon; … erchyll', &c., GPC 1398. Dichon mai'r ffurf *iriad* yn ll. 7 a barodd y camgopïo.

corgïan Cyfuniad o'r e. *corgi* a'r olddodiad bachigol *-an*. Yn ogystal â 'corgi bychan', gall olygu 'costog, ci di-ras neu chwyrnllyd, weithiau'n *ffig.* am berson neu blentyn sarrug ac afrywiog (yn y Gogledd a rhannau o'r Deau) a chyfrwys neu ffel (yng Nghered.)', GPC 561 d.g. *corgi*.

3 **gwibiad** 'Un a wibia o fan i fan, crwydryn', &c., gw. GPC 1655 d.g. *gwibiad²*. Cymerir mai disgrifio gwain neu gont y butain a wna.

4 **gŵyr** Ffurf 3 un.pres.myn. y f. *gwybod* yn yr ystyr 'adnabod', gw. GPC 1688 d.g. *gwn²*, a cf., e.e., BD 113 (ll. 12) *Ny wybyd y tat y briavt uab*.

Sawl Llsgr. B *ysaбl*, a'r *y* yn aneglur iawn; ceisiwyd ei dileu yn ôl pob golwg—rhoddai *y sawl* sillaf yn ormod. Gan na cheir cystrawen foddhaol o ddeall *sawl* yn rh. neu'n adf. (gw. GMW 95–6, GPC 3185), fe'i deellir yn e.p. Ni restrir Sawl ym mynegeion P.C. Bartrum: WG1, WG2, ond fe'i ceir yn ffurf ar enw'r Apostol Paul, cf. GGI² CXIX.14n, YEPWC 259 (14.11n), a hefyd ar enw brenin Saul yr Hen Destament, cf. *ib.* 274 (25.117n), 309 (54.20n); GST ii, 316 (88.8n). Cyfeirir at ddewrder a milwriaeth Sawl yn GO XVII.13–14n a GSC 35.33n. Nid annichon mai Iddew yw gwrthrych y ddychangerdd hon.

baw diawl *Asafoetida* neu asiffeta, gwm resin drewllyd ac iddo ddefnydd meddygol. Cf. R 1360.41 *beich o vaб diaбl yr bachell* (Dafydd y Coed); GDG³ 204 (75.21–2) *Bid iddaw yn ei law lwyth / O faw diawl, ef a'i dylwyth* ('I Ddymuno Boddi'r Gŵr Eiddig').

5 **gwili** Rhestrir y ffurf hon yn G 679 heb gynnig ystyr; nis ceir yn GPC. Cf. y geiriau *noeth willi* a ddilëwyd o l. 37 yn llsgr. B. Tybed a ellir ei gysylltu â ffurfiau fel *gwilers*—cf. 8.3 isod—'pedrain (ceffyl neu gaseg), tin' (sef *gwil* = *gwilff* 'caseg, eboles'; ffig. 'hoeden wyllt, putain' + *hers*), a *gwilo* '?tin, cyfeistedd'? Gw. G 679, GPC 1661. Cf. GGDT 12.5 *gwilo fawdro* (dychan o waith Trahaearn Brydydd Mawr). Os *gwil* yw'r elfen gyntaf—i'w gysylltu rywsut â'r S. *wild*?, GPC 1661—anodd gwybod beth yw'r ail elfen.

7 **gwyden** Ni welwyd enghraifft arall o ffurf llsgr. B *g670eden*, ond cf. Llyd.C. *gueden*, Llyd.Diw. *gweden*. Y mae *gwyden* yn ffurf ar *gwden*, GPC 1607. Yng ngoleuni'r sôn am grogi'r lleidr yn llau. 21–2 cymerir mai 'corden grogi' yw'r ystyr yma, cf. R 1273.33 *croc vagyl ydwyen agwyden gyt* (Madog Dwygraig).

iriad Yn GPC 2029 dyfynnir yr enghraifft hon d.g. *iriad*[1] 'y weithred o iro, ireidiad, eneiniad', cf. TW d.g. *illitus, perunctio*, D d.g. *unctio*. Ond dichon y ceir gwell ystyr o ddeall *-ad* yma yn olddodiad gweithredydd a dehongli *gwadn iriad* fel 'irwr gwadnau'. Ai'r ergyd yw mai gweith-garwch gwasaidd, iselradd oedd hwnnw? Cf. *ysgidiev trwyn gochion anniddos a wnaethessid heb vawr ired ynddynt*, LlGC 3039B [= Mos 131], 845 (1605–8), a ddyfynnir yn GPC 2026 d.g. *iraid*.

8 **nid gwad** H.y. 'yn anwadadwy, heb os', gw. G 596 d.g. *gwat* a cf. isod 9.81.

9 **bai** Anghytunir â Lloyd-Jones a wêl *bai* yma yn ffurf ferfol ac iddi'r ystyr 'pe bai', gw. G 68 d.g. *bot*. Dyna'n sicr ydyw yn ll. 29, ond diau mai e. ydyw yma, cf. GGDT 12.15 *nid bai bychan* (Trahaearn Brydydd Mawr) a aralleirir 'nid pechod bychan [mo hyn]'. Cymerir mai rhediad yr ystyr yw *Nid mwy bai … No'r tau*, sy'n fwy ystyrlon na'r dehongliad nad llai yw *bai gwestai gwastad—oreilid* nag eiddo'r lleidr hwn. Nid anghyffredin yn y cyfnod hwn yw goferu'r ystyr o l. gyntaf englyn i'r ll. olaf, cf., e.e., isod 9.57–60, 11.13–16.

gwastad Yn yr ystyr 'gwastadol, parhaus, di-baid'. Cf. (mewn cyd-destun moliannus) GLlLl 1.4 *Y voli kedwesti wastad*; GCBM i, 20.26 *Ked westi wastadrwyt*.

goreilid 'Poen, gofid, gwasgfa, gormes; baich', &c., GPC 1473; cf. *llid*.

11 Rhaid cywasgu *fwy yn* er mwyn hyd y ll. Cf. ll. 27 isod.

na fwy Cf. '*Na well*' yn ateb i'r cwestiwn '*ae guell y gwna neb uy neges i wrthyt ti no mi uu hun?*' PKM 69 (llau. 17–19). Yn ateb i gwestiwn fel arfer y ceir *na(c)* + bf. neu e. yn dilyn, ond fe'i defnyddir weithiau i ddynodi cytundeb neu anghytundeb hyd yn oed pan na fo cwestiwn yn ei ragflaenu, cf. *ib.* 50 (llau. 1–2) '*A phei mynhut gyuoeth eiryoet, aduyd y caffut ti [waeth] hwnnw.*' '*Na uynhaf, unben,*' heb ef (cf. *naddo*). Ar hyn, gw. GMW 177–9.

15 **sud** 'Modd, ffurf, dull', cf. GDG³ 42 (15.1) *un sud—Mordëyrn*, 'tebyg i Fordëyrn'.

chwith chwythiad Gw. yr enghreifftiau cynnar o *chwythad* (*-iad*) a roddir yn GPC 865, G 284, ac â'r cyfuniad hwn cf. yn arbennig RB 148 (ll. 25) *oen6ir 6hythat* 'iniquo flatu'.

16 **ni saif o fywn cad** Cf. uchod 1.5n.

17 **gofram** Yn llythrennol 'rhech', ond yr ystyr 'sarhad, dirmyg' sy'n gweddu yma, gw. GPC 1431.

18 **bogelyn** Cyfuniad o'r e. *bogel* 'cnepyn' + *-yn*; cf. R 1335.14–15 *llygat bugiliat bogelyn ystaen / yn ystym creissyonyn* (Gruffudd ap Maredudd).

coeliad Unig enghraifft. Dilynir y cyntaf o awgrymiadau G 158: '?llwythwr, ?baich (os: *coel²*)'; cf. GPC 533 d.g. *coeliad²*. Nid anaddas fyddai'r ystyr 'llwythwr tail' i *baw goeliad*.

19 **diwygiad** Yn yr ystyr 'gwedd, tebygrwydd, delw, llun', cf. GSRh 4.26 *cun ddiwygiad* (Rhisierdyn). A geir diffyg treiglad meddal yma er mwyn y gynghanedd?

20 **pegor** Yr ystyr ddifrïol 'creadur' sy'n gweddu orau yma—gw. GPC 2714 d.g. *pegor¹*—yn debyg, efallai, i'r modd y deellir y gair heddiw, 'hen greadur truenus'. Cf. GGDT 13.55, 60 (gwedda'r ystyr 'corrach' yno wrth i Drahaearn Brydydd Mawr ddychanu diffyg maintioli Casnodyn); GDG³ 331 (125.18) *O begor yn rhith bugail*; RWM ii, 109 *os byddaf hen pegor a chleiriach im gelwir* (*c*. 1550); TW d.g *rusticus*: *pegor o ddyn anwybodol*.

21 **ban** Llsgr. B *Pan*. Fe'i diwygiwyd er mwyn y cymeriad llythrennol, dyfais a welir yn mhob englyn ac eithrio'r cyntaf; cf. ll. 5 *ban y'th gad*.

o frad Yn ogystal â 'bradwriaeth', cyffredin yw'r ystyron cysylltiedig 'twyll, dichell, cynllwyn' a hefyd 'ystryw, dyfais', gw. GPC 304. Â'r ymadrodd hwn, cf. yn arbennig WM 167 (llau. 33–5) *Ti a ledeist vy argloyd oth toyll ath vrat*.

rhagor Un o'r ystyron yw 'blaen y gad, blaen byddin, rheng flaen', GPC 3021 (enghreifftiau o ganu Beirdd y Tywysogion). 'Llu' yma?

24 **bach** Ai enghraifft o *bach²* yn yr ystyr 'cilfach, congl, cornel', &c.? Gw. GPC 246 a cf. *bachell* uchod 2.35n. Ceir y ffurf *bachlatron* yn Llyfr Llandaf, LL 78 (ll. 3).

Bach ïach ... iad Llsgr. B *bach iach crach heb iach iat*. O ddeall yr *iach* cyntaf yn ffurf dreigledig ar enw'r aderyn *gïach*, ceir ll. seithsill. I'r 16g. y perthyn yr enghraifft gynharaf a roddir yn GPC 1397, ond diau fod y gair yn hen; cf. Crn. *kyogh*, Llyd. *kioc'h*, *gioc'h* a'r enwau lleoedd Ffosygïach a Felingïachod yng Ngheredigion. Cf. hefyd *crach-hwyad* yn ll. 6 uchod.

25 **llerra** Ni restrir y ffurf yn GPC. Ceid y f. *llerro* (o'r e. *ller*?) ar lafar gynt yng Ngheredigion yn yr ystyr 'loetran, ymdroi', GPC 2155 d.g. *llerraf*. Cf. hefyd (*ib.*) *llerrog¹* 'yn ciledrych, cilwenog', *llerrog²* 'troed-lydan', a *llerryn* 'un gwan, ewach, eiddilbeth' (a'r olaf ar lafar yng Ngheredigion). Ni cheir enghreifftiau cynnar o'r un o'r rhain, fodd bynnag. Gallai *llerra* fod yn fe. o *ller* 'efrau' neu 'heiddyd' + terfyniad

berfol -*ha*, yn golygu 'cardota efrau' ar batrwm berfau fel *cawsa, cica, yta* sydd mor gyffredin yn y canu dychan; cf. *lloffa* yn yr un englyn.

27 **lloffa** Cf. R 1272.28–30 *Profes van drottyan ledratta yscubeu / or esgobaϭt yma / profes yn ogloff loffa* (Madog Dwygraig). Â *Lloffa yn ôl* ..., cf. Deut xxiv.20 *Pan escydwech dy oliwydden na loffa yn dy ol*; Ruth ii.3 *hi aeth ... ac a loffodd yn y maes ar ôl y medelwyr.* Yr ergyd yma yw fod y lleidr yn lloffa drwy'r soflwair hyd yn oed ar ôl neu yn sgil y llyffant (a deall *ddeol ddyad* yn sangiad).

deol Nodir yr enghraifft hon yn e. 'alltudiaeth, deholiad' yn GPC 930 ac yn G 309, ond gellir ei ystyried yn a. 'deoledig, wedi ei alltudio', cf. GDG³ 253 (92.31–2) *Gŵr bonheddig rhyfyg rhwyf, / Diledach, deol ydwyf.* Dehonglir *ddeol ddyad* i olygu 'â golwg alltudiedig, fel alltud'.

30 **oedd glywed** Enghraifft o dreiglo'r goddrych ar ôl *oedd* mewn brawddeg annormal a'r traethiad yn gyntaf, gw. G 65 d.g. *bot.*

31 **diwad** Term cyfreithiol, 'gwadiad, nacâd'. Cf. LlB 30 (ll. 29)–31 (ll. 2) *Pwy bynhac a watto llofrudyaeth a'e haffeitheu yn hollhawl, llw deg wyr a deu vgeint a dyry. A reith gwlat yw honno; a 'diwat coet a maes' y gelwir.*

32 Cynghanedd sain ddiffygiol.

ar olwyn Ymddengys mai 'ar gefn ceffyl' yw'r ystyr, ac *olwyn* yn drosiad am farch, gw. GPC 2644–5 d.g. *olwyn*² ac Ifor Williams, 'Nodiadau Cymysg', B viii (1935–7), 236–7.

34 **eginyn** Ni sylwyd ar enghraifft arall o'r gair mewn cyswllt dychanol, ond cf. GPC 1175 d.g. *egin*: 'eginyn bardd: *pupil bard, budding poet.* 16–17g.' Ai 'llanc' a olyga yma, yn debyg i 'sbrigyn' heddiw?

35 **orn-air** 'Bai, cerydd, cabl, gwawd, enllib', gw. GPC 2656 d.g. *orn, ornair*, a G 525 d.g. *geir*¹. Yn GPC cynigir tarddu *ornair* o *orn* + **air* (cf. H.Wydd. *áer* 'dychan, gogan') neu *gair*; gw. ymhellach ymdriniaeth Vladimir E. Orel â'r H.Wydd. *áer* yn B xxxii (1985), 164–6. *Ornair* yw ffurf gyffredin y gair (a'r acen ar y goben), a dyna a geir yn llsgr. B, cf. GDG³ 98 (35.19–20) *Os tremyg, hoen lathrfrig haf, / Fy nghrair, neu ornair arnaf* ...; ond mentrir ei ddiwygio yn gyfansoddair llac yma er mwyn y gynghanedd groes gywrain. Ceid gwannach cynghanedd o ddarllen *Hyn o orn, / air hen, yw'r nâd.*

Mynegai

Enw person

GWAITH
HYWEL YSTORM

Rhagymadrodd

Priodolir tair cerdd i Hywel Ystorm yn y llawysgrifau, sef awdl ddychan faith a lliwgar i Addaf Eurych a gofnodwyd yn Llyfr Coch Hergest, ac englyn a chyfres o englynion sy'n amlwg yn ddiweddarach o lawer na'r bedwaredd ganrif ar ddeg. Y mae'r englynion hyn yn rhan o gyfres hir o englynion a dadogir ar nifer o feirdd, yn coffáu coroni pob brenin a brenhines yn Lloegr rhwng 1067 ac 1558, ac yn y flwyddyn honno neu'n ddiweddarach na hynny y'u lluniwyd mewn gwirionedd.[1] Ond gall fod yn arwyddocaol mai chwarter olaf y bedwaredd ganrif ar ddeg yw cyfnod honedig y ddau gyfansoddiad a dadogir ar Hywel Ystorm: mydryddir y flwyddyn 1377 yn y naill, a 1400 yn y llall.

Uwchben yr awdl yn y Llyfr Coch (colofn 1337) ceir y geiriau: 'Howel ystorym ae cant y adaf eurych', ac yn dilyn y gerdd hon hyd golofn 1348 ceir nifer o gerddi dychan dienw. Golygir pump o'r cerddi hynny yn y gyfrol hon, cerddi 7–11. Arferid credu mai Hywel Ystorm oedd biau'r holl gerddi a gopïwyd yn llaw Hywel Fychan[2] rhwng colofnau 1337 ac 1348, a chan fod y cerddi hynny'n cynnwys englynion dychan i Gasnodyn a Thrahaearn Brydydd Mawr a ganai yn nhraean cyntaf y bedwaredd ganrif ar ddeg, tybid ei fod yntau yn ei flodau tua'r un cyfnod.[3] Dangoswyd bellach, fodd bynnag, mai Trahaearn a Chasnodyn eu hunain a ganodd y ddwy ddychangerdd honno,[4] ac y mae hynny'n tanseilio'r ddadl ynghylch cynharwch Hywel Ystorm ac awduraeth y cerddi eraill a gadwyd yn y rhan hon o'r Llyfr Coch. Y mae'n wir fod peth tebygrwydd rhwng y dychan i Addaf Eurych a'r ddwy gerdd sy'n ei dilyn yn y Llyfr Coch (cerddi 7–8 isod)[5]—er bod mwy o debygrwydd rhwng y ddwy gerdd hynny a'i gilydd— ond prin fod digon o reswm dros honni mai Hywel Ystorm yw eu hawdur. Yn y copïau llawysgrif eraill sy'n deillio, bob un ohonynt, un ai'n uniongyrchol neu'n anuniongyrchol o Lyfr Coch Hergest, ni welir enw Hywel Ystorm wrth yr un o'r cerddi dienw hyn.

---

[1] Tadogir englynion tebyg yn yr un llawysgrifau ar Fleddyn Ddu a Gwilym Ddu o Arfon; gw. yr ymdriniaethau â dilysrwydd yr englynion hyn yn GBDd 11, GGDT 49.

[2] Gw. G. Charles Edwards, 'The Scribes of the Red Book of Hergest', Cylchg LlGC xxi (1979–80), 255.

[3] Gw. yn arbennig sylwadau G.J. Williams yn TLlM 6–8, a chofnod D.M. Lloyd yn ByCy 384. Ymhellach ar y cerddi dienw, gw. td. 89 isod.

[4] GGDT cerdd 13 (gw. hefyd tt. 94–5); GC cerdd 11 (gw. hefyd td. 14).

[5] Gw. e.e. ll. 126n isod.

Nid oes dim yng nghynnwys yr awdl ddychan i Addaf Eurych sy'n bwrw goleuni ar gyfnod y bardd na'i gefndir.[6] 1380 yw'r dyddiad a rydd John Davies o Fallwyd wrth ei enw yn y rhestr o feirdd a luniodd ar ddiwedd ei eiriadur (D), a'r un yw'r dyddiad a nododd ar ei gopi ei hun o'r awdl i Addaf Eurych yn llawysgrif LlGC 4973B; felly hefyd Edward Davies yn Card 4.140 (1792). 1330–70 oedd cyfnod ei flodeuo yn ôl golygyddion y *Myvyrian Archaiology*, lle y ceir fersiwn pur anfoddhaol o'r awdl honno o dan ei enw.[7] Ond tebyg mai dyfalu pur yw'r dyddiadau hyn. Y cwbl y gellir ei honni'n bendant yw fod y gerdd wedi ei llunio cyn diwedd y bedwaredd ganrif ar ddeg, sef cyfnod ysgrifennu Llyfr Coch Hergest. Y mae enw'r bardd yn llawn cymaint o ddirgelwch â'i gefndir. Ni wyddys am yr un enghraifft arall o'r epithed 'Ystorm' gydag enw personol;[8] os 'tymestl' yw'r ystyr, y mae'n enw barddol tra anarferol. Posibilrwydd arall yw ei gysylltu ag ardal Stormy (neu Sturmieston) ym mhlwyf Llandudwg yng ngorllewin Morgannwg,[9] sef yr ardal a adwaenir heddiw fel Stormy Down, ond yn niffyg cyfeiriadau daearyddol yn yr awdl ei hun ni ellir ond dyfalu ynglŷn â chylch gweithgarwch y bardd.

Dychenir rhyw Adda mewn dau englyn proest gan fardd arall o'r bedwaredd ganrif ar ddeg, sef Bleddyn Ddu,[10] ond nid oes fawr o debygrwydd rhyngddynt a'r awdl hon. Rhyw lun ar eurych neu of yw'r Adda a ogenir yma. Fe'i disgrifir fel *eurych brych* (ll. 13), *drygof dryg-gynnyrch* (ll. 100), *tincr* (ll. 105), *clytiwr pedyll benffyg* (ll. 84), a *craff daeog crefftau* (ll. 130). Yn ogystal â bwrw sen ar safon ei waith, dychenir ei ddiffygion corfforol. Yn ôl portread didostur y bardd ohono, hen gleiriach eiddil, brychlyd a rhychiog yw Adda, ac nid yw ei deulu—*plant Addaf gryniedig* (ll. 30)—yn dianc yn ddianaf ychwaith. Y mae'n rhyw lun ar fardd yn ogystal, ac efallai mai dychan ganddo yntau i Hywel Ystorm a ysgogodd yr awdl hon. Gan nad yw'n fodlon rhoi heibio'i ymffrost a'i *freithgerdd ddrewiedig* (ll. 120), dymuna Hywel weld cyff penyd amdano a'i gartref wedi llosgi'n ulw.

Rhoddir llawn cymaint o sylw i'r cartref ag a wneir i'r perchennog, yn enwedig yng nghanol yr awdl lle y cynhelir y cymeriad llythrennol *ll-* bron

---

[6] Y mae'n annhebygol fod arwyddocâd arbennig i'r cyfeiriadau at ŵyl Gurig a gŵyl Badrig, yn enwedig gan fod enwau'r saint hyn yn ffurfio'r brifodl, ond gw. isod llau. 51n a 73n.

[7] MA² xii, 342–4. Yn fwy diweddar, cynigir hanner cyntaf y 14g. yn ByCy 384, a 1300–50 a rydd D. Simon Evans yn GMW xxviii.

[8] 'Ystoryn' a geir yn rhestr John Davies o feirdd, a cheir yr un ffurf yn llsgrau. BL Add 15001, 231ʳ (a copïwyd gan John Walters cyn 1792) a Card 4.140, 652, ac yn MA² xii, 342, cyfrol yr oedd llsgr. BL Add 15001 ymhlith ei ffynonellau. Cf. hefyd ByCy 384: 'HYWEL YSTORM (neu YSTORYN)'. Ond ymddengys mai llurguniad o *ystorym* y Llyfr Coch yw'r ffurf honno.

[9] WATU 199. Sefydlwyd y dreflan gan ŵr o'r enw Geoffrey Sturmy yng nghanol y 12g., gw. F.G. Cowley, *The Monastic Order in South Wales 1066–1349* (Cardiff, 1977), 50, 70n, 207; R.R. Davies: CCC 153, 188.

[10] GBDd cerddi 11–12.

yn ddi-ffael dros ryw ddeg a thrigain o linellau (llau. 31–102). Mewn dull sy'n nodweddiadol o'r traddodiad dychan Cymreig, canolbwyntir ar ddiffyg croeso ac anfoesgarwch a llymder ac oerni'r llys, lle y mae hyd yn oed yr adar ar eu cythlwng a lle nad oes parch i brifeirdd ar y gwyliau mawr. Y mae'r defnydd cyson o'r cymeriad geiriol *Lle* yn y rhan hon o'r gerdd yn miniogi'r dychan, gan greu argraff o aelwyd sy'n llwyr deilyngu'r enw *llys uffern wenwynig* (ll. 72). Diau fod yma barodi bwriadol o'r traddodiad mawl: defnyddir yr un cymeriad geiriol gan Ddafydd ap Gwilym, er enghraifft, wrth ganu clodydd tref Niwbwrch ac wrth ganmol llys ei ewyrth, Llywelyn ap Gwilym, yn Emlyn.[11]

Canwyd corff yr awdl ar fesur byr a thoddaid ar yr odl *-ig*, a cheir englyn unodl union i gloi, ar yr odl *-au*. Cyhydedd nawban, yn hytrach na chyhydedd fer, a gyfunir â'r toddaid byr yn llinellau 53–8 (ond bod ll. 55 sillaf yn rhy hir), ac eto yn llinellau 95–100. Ceir dau doddaid yn ogystal, sef llinellau 101–2 a 125–6. Cysylltir y penillion ynghyd â chymeriad llythrennol, ac y mae'r defnydd o gymeriad cynganeddol yn bur drawiadol. Fel y soniwyd eisoes, cynhelir y cymeriad llythrennol *ll-* bron yn ddi-dor rhwng llinellau 31 a 102, gan ailadrodd y cymeriad geiriol *lle* yn y rhan fwyaf o'r llinellau hyn. *Addaf* yw'r cymeriad geiriol yn llinellau 103–19, a *Can ni* yn llinellau 121–3. Cynghanedd sain a ddefnyddir amlaf, ac y mae'n drawiadol fod canran uchel o gynganeddion yr awdl naill ai'n bengoll neu'n anghyflawn eu cyfatebiaeth gytseiniol, neu â'r gyfatebiaeth wedi ei chyfyngu i ganol y llinell yn unig. Gall hynny arwyddo bod y gerdd wedi ei chyfansoddi yn nes at ddechrau neu ganol y bedwaredd ganrif ar ddeg na'i diwedd.

---

[11] GDG³ 356 (134.17–20), 31–2 (12.13–30); cf. DGIA 43 a Twm Morys, 'Lle Anaml Selsig', *Barddas*, 202 (Chwefror 1994), 8–10. Ceir enghraifft nodedig arall o ddychan i lys digroeso yn awdl yr Ustus Llwyd i Iarll Mawddwy, R 1363–4, Bl B XIV cerdd 71.

Dychan i Addaf Eurych

Cyfarchaf i'm Naf nefol, oestrig—hwyl,
    Hael Frenin gwyrennig,
    Cyfran rhan rhinwedd gatholig,
4   Cyfarf arf Eurwawr arbennig,
Cyfiawn Arglwydd rhwydd rhwymedig,—breiddgardd
    O bruddgerdd enwedig
    I Addaf, addail gwywedig,
8   Addawd nawd newyn heb ddiffyg,
    Addysg mysg, ymysgwfl ffyrnig,
    Addurn murn ym Marn crogiedig.
Addoed gynfyl chwŷl, chwaledig—y bydd,
12   Buddelw tân cyllestrig.
    Eurych brych breichgul llosgiedig,
    Afrwydd swydd y sydd anelwig,
    Afraid naid, nidrgerdd rwystredig,
16   Afrfwch trwch trychwibl rhostiedig,
Efrydd dall cebydd, ceibr brynnig—rhwyllgrin,
    Rhullgryw cledr ysgyrnig,
    Câr anwar enwir tri dyblyg,
20   Cawr trillawr trallwng rheibiedig,
    Corf breithlorf, brithleidr gwenwynig,
    Cyrf anffyrf, anffawd cadwedig,
Cyrfyll hyll chwedryll, chwydrefr pennyg—meirch,
24   March glermwnt bremienig,
    Chwerwlys flys heb flas dewisig,
    Chwyrn esgyrn esgyll lliwiedig,
    Chwefris mis mysain diennig,
28   Chwerw draberw o'i drabudr sefnig.
Chware nid dyre teirw pwyedig,—pla
    Plant Addaf gryniedig,
    Llys dyfrys difrod heiriedig,
32   Lles armes ermain anodrig,
    Llws mynws menestr anheilig,
    Llestrau llau, chwanennau chweinwig,
Llesclawr yn nhymawr annhymig—fryswlydd
36   Heb fraswledd Nadolig,
    Llwybr cyflwybr, cyfle difwydig,

　　　　　　　Llwrw pasgiad, nid pesgych Seisnig,
　　　　　　　Lloriaid rhaid, rheidusion debyg,
40　　　　　　Lloncler sêr, sarffod bwytëig,
　　　　Llyngiaid, rhaid ysaid rhwd ysig—reithgun,
　　　　　　　　　Rhythgwn cynefodig;
　　　　　　　Lle diflan Calan celennig,
44　　　　　　Lle diflith, diflwng godröig,
　　　　　　　Lle difloedd, diflawd enderig,
　　　　　　　Lle diflas teuluwas talmig,
　　　Lle direufedd, gwedd gwaeddedig—hwngrnaws,
48　　　　　　　Heb hengaws, heb hengig,
　　　　　　　Lle llafar glas adar gloesig,
　　　　　　　Llefain brain branes foddiedig,
　　　　　　　Lle rhywan garan ŵyl Gurig,
52　　　　　　Lle rhewydd haul Mawrth-ddydd marthig,
　　　Lle rhewydd cethlydd cathlddig,—herythlom,
　　　　　　　　　Hiraethlawn, difwydig,
　　　Lle y gwneir dadlau er drudw lludw lletollig,
56　　　　　　Lle bydd uchedydd ar ychydig,
　　　　　　　Lle mae tylluan, gwrach fegrwan fig,
　　　　　　　Llwytben, anlladwen yn y lledwig;
　　　　Lle ar ddiwanwe, arddywynnig,—bod
60　　　　　　　Bedmyn tlawd, sychedig,
　　　　　　　Lle anardd, lle anaml selsig,
　　　　　　　Lle anoyw, lle anosgeiddig,
　　　　　　　Lle aelaw eilwydd pellennig,
64　　　　　　Lle dile, dilawch, adfydig,
　　　Lle dioludog, deoledig,—noeth,
　　　　　　　　　Nyth hwngrdlawd rhyniedig,
　　　　　　　Lle dine dynol flotëig,
68　　　　　　Lle denol dynion hirfrydig,
　　　　　　　Lle dire, dirwydd, adreisig,
　　　　　　　Lle dirodd, dirwydd, gwrthnysig,
　　　Lle difenwant plant plennig—Llusiffer,
72　　　　　　　Llys uffern wenwynig,
　　　　　　　Lle y brysir bresych ŵyl Badrig,
　　　　　　　Lle berwir barf i fwch cerrig,
　　　　　　　Lle difudd i dafod blysig,
76　　　　　　Lle diffaith, lle diffoddiedig,
　　　Lle difrawd rhwyfwawd, rhyfyg—nis daliant,
　　　　　　　　　Noes dylwyth trangiedig,
　　　　　　　Lle diwen pob unben pwyllig,
80　　　　　　Lle diwe, lle diwestl mennig,

Lle diheirdd prifeirdd profiedig,
Lle dihardd gerwinardd gerrig,
Lle dyhir, poenir pendefig—clytwyr,
84   Clytiwr pedyll benffyg,
Lle heb foes, llom orloes lleithig,
Na mynud na menestr rhestrig,
Lle heb win cynefin ceinmyg
88   Na medd yma, ddull gwaeddiedig;
Lle heb gwrf na thwrf na thorf ddiysig,—rhygul
        Rhag newyn bob orig,
Lleas oer, arwyl gweiniedig
92   O'r cyfle, nid cyflwyddiedig,
A'r marngl merydd, llygredig
A'i medd, gwedd Gwaeddan gynnhebyg,
Meddw grwban, llopan lleiprfrig,—twll fyrci,
96   Twyll farcud ystyfnig.
Lle anghryf pob pryf, pryd annelwig,
Lle anghredadun bun ben gyrnig,
Lle y mae drygeurych brych, briwiedig,
100   Drygof dryg-gynnyrch, llemffyrch llymffig,
Llif daradr paladr plygiedig,—ceirnion
        Llifion briwyson, nid browysig.
        Addaf grin gribin, grwbach dig,
104   Addaf glaf gleiriach troëdig,
        Addaf dincr dancwd hwyddiedig,
Oddof dafod, nid Afan Fyrddig;
Addaf gŵyn anaf, gwenwynig—ei bwrs,
108   Bors lyngaul adwythig;
        Addaf ledr, lwydedd pren gellyg,
        Addaf grwm gryman pluciedig,
        Addaf, cnaf, cnifddelff ysgodig,
112   Addaf drych dall, grych dulliedig;
Addaf rasgl twyllgasgl, tyllgorn pryfig—lledr,
        Lleidr arian clipiedig,
        Addaf, delw diliwr plygiedig,
116   Addaf bryf crinwryf croen chwysig,
        Addaf hyll, pebyll pobiedig,
        Addaf gul galon wasgiedig;
Addaf gau ni thau, iaith ennig—frithgyrdd,
120   Â'i freithgerdd ddrewiedig;
        Can ni thau garrau goriedig,
        Can ni phaid tarw diraid terrig,
        Can ni myn emennydd ysig
124   Ymadaw â'i ffrost, ffeniglbost ffig,

Bore oer ceilioer, clo caeëdig—gyff
Am ben Addaf, dyff ryff rwygiedig.

Goganaf Addaf, wddyf gïau—lledr,
128   Lleidr arian careglau,
Gogul arch, gogr cywarch cau,
Gagog, craff daeog crefftau.

Ffynonellau
A—BL Add 15001, 231ʳ B—Card 4.140, 652 C—J 111, 1337 D—LlGC
4973B, 331ᵛ E—LlGC 21287B [= Iolo Aneurin Williams 1], 86ʳ F—Llst
147, 239 (*o'r cefn*) G—Pen 118, 235

Seiliwyd y golygiad ar destun llawysgrif C, yr hynaf. Codwyd y gerdd i'r
holl lawysgrifau eraill un ai'n uniongyrchol neu'n anuniongyrchol ohoni.
(Ymhellach ar y llawysgrifau, gw. isod tt. 151–2.)

Darlleniadau'r llawysgrif
17 prynic. 33 ffos. 34 lleistreu. 35 lleisclaor. 47 gaededic. 53 kathlodic. 57 tyll
euan. 58 anllatwen, *a phwynt dileu o dan y* t. 85 oorloes. 91 sarwyl. 95 grop
ban. 103 gorbach. 124 ffenngylbost. 129 kywar.

Teitl
Howel ystorym ae cant y adaf eurych.

Dychan i Addaf Eurych

Erfyniaf ar fy Arglwydd nefol, llywiwr fy mywyd tra bwyf,
Brenin hael a grymus,
Am gyfran o siâr rhinwedd gyffredin,
4   Arf cadarn [oddi wrth y] Llywydd gwych goruchaf,
Arglwydd cyfiawn a hael [yr wyf yn] rhwymedig [iddo],
[Sef] cerdd synhwyrol ddi-fai, arbennig
I Adda, [dyn tebyg i] hen ddeiliach crin,
8   [Un a'i] gartref yn hen gyfarwydd â newyn di-baid,
[Lle y mae] addysg ddryslyd [ac] anrheithio ffyrnig,
Adeilad llawn twyll a fydd yn crogi drosodd ar ddydd y Farn,
(Aflwydd tro gofidus), yn chwilfriw y bydd,
12   [Â] philer [mewn] tân eirias.
Eurych brychlyd llosgedig, main ei freichiau,
[Un] afrwydd ei waith a hwnnw'n waith diwerth,
Afraid iddo neidio, [a chanddo] gerddediad lletchwith,
    rhwystredig,
16   Bwch gafr anfad a chwerw iawn wedi'i rostio,
Dyn methedig dall, crintachlyd, trawst drewllyd, rhwyllog wedi
    braenu,
Hen gawell [o ddyn] byrbwyll a chledr ei law'n esgyrnog,
Perthynas i ddihiryn creulon tri dyblyg,
20   Cawr [cymaint ag adeilad] tri llawr, gwancus a rheibus,
Corf frychlyd ei physt, lleidr brith gwenwynllyd,
Colofnau ansad (aflwydd a ddethlir),
Corffyn hyll drylliedig, a'i din yn chwydu coluddion meirch,
24   Ceffyl o glerwr rhechlyd,
Un â blys am wermod annewisol ei blas,
[Ac] esgyrn garw esgyll lliwgar,
Un gwyllt, gorawyddus ac arno haint drewllyd ers mis,
28   Gorlif chwerw o'i gorn gwddw aflan.
Nid nwydus mo chwarae'r teirw curiedig, pla
Plant Adda grynedig,
Llys treuliedig y mae difrod yn brysio iddo,
32   Lles [yw] darogan, ubain annioddefol,
Llysnafedd [yw] gwaddod menestr cyndyn,
Llestri [llawn] llau, chwain coedwig chweinllyd,
Bwrdd salw yn nhymor chwyn anamserol
36   Heb wledd Nadolig fras,
Llwybr a gerddir gan bawb, lle newynog,
[A'i luniaeth] ar ffurf porthiant anifeiliaid, nid ych Seisnig
    pasgedig,

Llond llawr o galedi, rhai tebyg i gardotwyr,
40   Clêr sglaffiog, [llachar fel] sêr, seirff barus,
Llowcwyr, haid sy'n bwyta mewn cyni fudreddi'r pennaeth
      dolurus,
Cŵn rhwth drwy hen arfer;
Lle y mae calennig ar y Calan yn ddiflanedig,
44   Lle y mae buwch odro yn ddilefrith a swrth,
Lle y mae bustach yn ddi-floedd, ddi-flawd,
Lle y mae teuluwas tiriog yn ddiflas,
Lle tlawd, dolefus ei wedd ac iddo naws newynog,
48   Heb hen gaws na hen gig,
Lle y mae adar glas dioddefus yn llafar,
Llefain brain [yn un] haid wedi ei boddhau,
Lle y mae crëyr yn egwan iawn ar ŵyl Gurig,
52   Lle y rhewa'r haul ar ddydd gwaradwyddus o Fawrth,
Lle y mae cog dinfoel, ddig ei chân yn chwantus,
Yn hiraethus a heb fwyd,
Lle y mae ymladd dros ddrudwy holltog y lludw,
56   Lle y bydd ehedydd ar ei gythlwng,
Lle y mae tylluan, gwrach lesg, fegerllyd, gas,
Yn benllwyd ac anllad ei gwên yn y goedwig;
Lle rhyfedd sydd ar ddisberod, cartref
60   Ymbilwyr tlawd, sychedig,
Lle hyll, lle prin ei selsig,
Lle trist, lle di-lun yr olwg,
Lle y bydd teithwyr yn cyfarfod yn aml,
64   Lle ar chwâl, diloches a thruenus,
Lle digyfoeth, gwrthodedig, noeth,
Nyth rhynllyd, llwglyd a thlawd,
Lle y mae pob creadur o gardotwr blawd yn welw,
68   Lle deniadol i ddynion hirymarhous,
Lle di-braidd, cyndyn a chreulon,
Lle di-rodd, crintachlyd, gwrthnysig,
Lle y mae plant melltigedig Lwsiffer yn goganu,
72   Llys uffern wenwynig,
Lle y brysir â'r bresych ar ŵyl Badrig,
Lle y berwir barf bwch gafr y creigiau,
Lle di-fudd i dafod blysiog,
76   Lle diffaith, lle a'i olau wedi diffodd,
Lle sy'n ddifrod i ganu mawl, ni theimlant falchder,
Dylwyth dolefus darfodedig,
Lle y mae pob unben doeth yn ddigalon,
80   Lle heb frethyn, lle y mae'r anghenus yn aflawen,

Lle y mae prifeirdd profedig yn anwych yr olwg,
Lle y mae gardd garegog arw, hyll,
Lle dybryd, maith ei boen [sy'n perthyn i] bendefig y clytwyr,
84 Clytiwr padellau benthyg,
Lle heb foes, llwm a phoenus ei fainc,
Na chwrteisi, na thywalltwr diod mewn rhes,
Lle heb win cyfarwydd gwych
88 Na medd yma, rhesaid floeddfawr;
Lle heb gwrw na thwrw na thorf hwyliog, [a hithau'n] fain iawn
Gan newyn bob munud,
Marwolaeth drist, arwyl a weinyddir
92 O'r fangre, nid lle ffyniannus mohono,
A'r ... diog, llygredig
Sy'n berchen arno, un tebyg ei wedd i Waeddan,
Crwban meddw, hen esgid friglipa, corgi toredig,
96 Barcud twyllodrus, ystyfnig.
Lle y mae pob anifail yn egwan a di-lun yr olwg,
Lle y mae merch gorniog ei phen yn ddi-gred,
Lle y mae eurych sâl, brych a chlwyfus,
100 Gof anghelfydd, gwael ei gynnyrch [?sy'n gyfarwydd â] gaflau
llamsachus llawn clwy gwenerol llym,
Ebill lifio a'i choes wedi plygu, pentyrrau
O flawd llif yn friwsion, nid teg mohonynt.
Adda'r cribin crebachlyd, grwca dig,
104 Adda'r hen ddyn claf gwyrgam,
Adda'r tincer chwyddedig ei gwd,
A'i dafod yn gornwydydd, nid Afan Fyrddig;
Adda sy'n cwyno am ei glwyf, un gwenwynig ei gwd,
108 Â thor llengig dyfrllyd, dolurus;
Adda ledr, llwydni pren gellyg,
Adda'r cryman crwm wedi ei blicio,
Adda'r cnaf, y dihiryn blin tebyg i ellyll,
112 Adda arw a rhychiog, tebyg i ddyn dall;
Adda'r rhathell sy'n bentwr o dwyll, corn tyllu-lledr llawn
cynrhon,
Lleidr arian clipiedig,
Adda debyg i bwniwr gwargrwm,
116 Adda'r pry wedi'i wasgu'n grimp, chwyslyd ei groen,
Adda hyll, losgedig ei fantell,
Adda a'r galon gul wasgedig;
Adda ffals nad yw'n tewi—cerddi brith, crintachlyd eu hiaith—
120 Â'i gerdd wael a drewllyd;
Gan nad oes taw ar [yr un] crawnllyd ei heglau,

Gan na phaid y tarw anfad, garw,
Gan na fyn [yr un] ysig ei ymennydd
124   Roi heibio'i ymffrost, postyn ffenigl [o ddyn] a'r clap arno,
Un bore oer a phob cala'n teimlo'r oerfel, [boed] cyff penyd a'i
    glo ynghau
Am ben Adda, … ?clafrllyd, rhwygiedig

Dychanaf Adda, wddw gïau lledr,
128   Lleidr arian careglau,
[Un] eiddil o gorff, gogr cywarch gwag,
Taeog crefftau crychlyd a thaer.

Nodiadau

6

1 **Cyfarchaf i'm Naf nefol ...** Ff018miwla agoriadol gyffredin; cf. yn arbennig agoriad awdl Gruffudd ap Maredudd i Oronwy ap Tudur, R 1315.1 *Kyuarchaf ym naf nefa◊l rinwed...*; GLlBH 19.1–2 *Cyfarchaf i'm Naf, niferog—Ddofydd, / Cynnydd ni dderfydd ...* (dychan Llywelyn Ddu ab y Pastard i Fadog ap Hywel a'i osgordd), a gw. *ib.* 195 am enghreifftiau tebyg o awdlau moliant Beirdd y Tywysogion. Fel yn yr enghreifftiau uchod, y mae'r hyn y gofynnir amdano (*Cyfran rhan rhinwedd gatholig*, ll. 3) yn wrthrych uniongyrchol i'r f.

oestrig 'A erys neu a bery am oes'? Cf. GPC 2628 *oesir* (*oes* + *hir*), GLlLl 23.206 *oesgwyn* a ddiweddderir 'a'u cwyn [yn parhau] am oes'.

hwyl Fe'i deellir yma yn fôn y f. *hwylio* 'cyfeirio, cyfarwyddo, arwain', gw. GPC 1940 a cf., e.e., GSRh 12.281 *Hwyliaist a llywiaist haul a lleuad* (awdl Gruffudd Fychan i Grist a Mair). Pe deellid 'taith, treigl' neu 'iawn bwyll, synnwyr', gellid dehongli *oestrig hwyl* yn wrthrych uniongyrchol *cyfarchaf*, ond llai tebygol hynny.

4 **cyfarf** 'Wedi ei gwbl arfogi, wedi ei arfogi'n dda', GPC 682. Cf. yn arbennig R 1315.7 *kyuaryf aryf eurgreir geir gorvoled* (moliant Gruffudd ap Maredudd i Oronwy ap Tudur); GDG³ 19 (7.11–12) *Cyfarf arf, eirf ni'th weheirdd, / Cyfaillt a mab aillt y beirdd*, a gw. ymdriniaeth Thomas Parry â'r gair, *ib.* 438.

5 **rhwymedig** Gw. GPC 3119. Am enghreifftiau o'r gair mewn cyddestun crefyddol cf. WML 39 (llau. 15–16) *dyn egl◊yssic r◊ymedic o vrdeu kyssegredic*; I. Williams, 'Penityas', B viii (1935–7), 138 (llau. 17–18) *Pob dyn yssyd rwymedic y orchymyn yr arglwyd duw ar gadw y gorchymynneu moessawl* (dechrau'r 15g.). Er mor chwithig yr ymddengys y gystrawen, tebycach mai at y bardd yn hytrach nag at Dduw ei hun y cyfeiria'r a.

5–6 **breiddgardd / O bruddgerdd** H.y. 'pruddgerdd freiddgardd'; am enghreifftiau cynnar o'r ardd. *o* yn y gystrawen hon, gw. GPC 2608, 7(d). Cymerir bod *breiddgardd / O bruddgerdd*, 'cerdd synhwyrol, ddifai', mewn cyfosodiad â *Cyfarf arf*. Posibilrwydd arall yw deall *breiddgardd / Obruddgerdd*, a'r a. *o* flaen yr e. *gobruddgerdd*.

9 **mysg** Fel a. 'cymysg, dryslyd', GPC 2542. Cf. GC 1.67 *Addysg glod ffysg heb fysg fu*.

ymysgwfl Unig enghraifft. P '*Ymysgwvyl* … The employing one's self in snatching; a mutual snatch'; TW 'prædatorius … or ne'n perthynu i anrheith, yscwfl ne'r praidh'; D 'Ysgwfl, *Captura*'. Tebyg mai'r hyn sydd yma yw'r rhgdd. cilyddol *ym-* (cf. *ymosod, ymladd,* &c.) + *ysgwfl,* sef amrywiad ar *ysgyfl* 'ysglyfaeth, anrhaith'. Cf. GBF 24.112 *ysgyuyl anreith*; GSCyf 13.39–40 *Ysglyfiais bacs diwacsa / Is gwefl dyn, bu ysgyfl da* (Llywelyn ab y Moel).

10 **addurn** 'Adeilad' yma, gw. GPC 34 a cf. TW d.g. *aedificatio,* 'hen addurn vchelgrib'.

crogiedig Defnyddid 'y Crogedig' am Grist, ond yng ngoleuni'r llau. canlynol mwy cymwys ei ddeall yma'n ddisgrifiad o gartref Adda; cf. yr ystyr 'yn taflu allan, yn bargodi'n fygythiol', GPC 609 d.g. *crogedig, crogiedig.*

12 **cyllestrig** 'Tanllyd, tanbaid, disglair' (o *callestr* 'fflint'), gw. GPC 395 d.g. *callestrig, cyllestrig* a cf. disgrifiad Gwalchmai ap Meilyr o ddydd y Farn yn GMB 13.21–4 *Dili6 a dy6u, Dytbra6d a dyui / Y dygyuor y gynne, / Y dygyf6rw enwir yn enwerys goll / Yg kyllestric dande.*

13 **eurych** Dyfynnir yr enghraifft hon yn GPC 1261 dan yr ystyr 'gof aur neu arian; gof pres, &c.' (cf. G 500), ond dichon fod arni flas yr ail ystyr yn ogystal, sef 'tincer; enw difrïol neu ddiystyrllyd ar ddyn'.

15 **nidrgerdd** Llsgr. C *nyt yrgerd*. Fe'i hystyrir yn gyfuniad o *nidr* 'wedi ei lesteirio; yn oedi, araf', &c., + *cerdd* 'ymdaith, cerddediad' (yn hytrach na 'cân, barddoniaeth' neu 'crefft, celfyddyd'), gw. GPC 465 d.g. *cerdd*². O ran y gynghanedd gellid ei ystyried yn ddau air ar wahân.

16 **trychwibl** Ffurf ar *trachwibl* 'chwerw neu sur iawn', cf. G 281 d.g *chwib(y)l.*

17 **brynnig** Llsgr. C *prynic*. Diau mai'r a. *brynnig* sydd yma, 'drewllyd, aflan, budr, brwnt' (*brwnt* + *-ig*, ?dan ddylanwad *braen*), GPC 340; cf. uchod 3.5.

19 **câr anwar enwir** Y mae *car* yn yr ystyr 'cerbyd' neu 'ffrâm' yn ddelwedd gyffredin yn y canu dychan—e.e. isod 8.19—ond *Car* ac nid *Carr* sydd yn llsgr. C. Cymerir, felly, fod grym enwol i *enwir*, 'un drwg, anghyfiawn neu ddiegwyddor', &c., GPC 1223, gan ddeall *anwar enwir* 'dihiryn creulon'.

20 **cawr trillawr** Cf. GC 11.27 *Cawr trillawr udfawr adfail*, 153 *Rhag dy faint gwyrth saint, gwarth sengi*—*trillawr* (dychan Casnodyn i Drahaearn Brydydd Mawr). Am enghraifft arall o *trillawr*, gw. TA 3 (I.14).

trallwng Ai'r rhgdd. cryfhaol *tra-* + *llwng*, bôn y f. *llyngu* 'llyncu' (a geir yn yr e. lle Y Trallwng, gw. I. Williams: ELl 60–1), yn golygu 'llyngfawr, llyncfawr, gwancus'? Digwydd yr e. lle Trallwng ddwywaith

yng nghanu Beirdd y Tywysogion, GLlL1 23.122 a GLlF 26.102
(Gwynfardd Brycheiniog), ond nid ymddengys yn debygol yn y cyd-
destun hwn.

21 **corf breithlorf** Cyfuniad cyffredin yn y canu mawl, e.e. GSRh 6.21
Eiddionydd lorf, corf cariad (Rhisierdyn). Piler neu golofn (neu'r pâr o
golofnau a rannai'r neuadd) yw *corf* (ll. *cyrf*, ll. 22), ac mewn ystyr
drosiadol gyfarwydd iawn i'r beirdd 'cynheiliad, ceidwad', GPC 558;
tebyg yw ystyr *llorf, ib.* 2209. Deellir y geiriau hyn yn llythrennol yma.
Gellir awgrymu bod y colofnau'n frith (b. *braith*) gan dân, cf. GBF
36.55 *Llawer hendref vreith gᵒedy llᵒybyr godeith* (Gruffudd ab yr Ynad
Coch), a cf. uchod ll. 12 *Buddelw tân cyllestrig* a'r a. *llosgiedig* i
ddisgrifio Adda, ll. 13.

23 **cyrfyll** 'Cyff, boncyff; corffyn, corff bychan, corff heb y pen' (*corf* +
-yll), GPC 808.

pennyg 'Coluddion, perfedd, plwc, tripa, treip; bol' (o'r Llad. *panticēs*),
GPC 2756; cf isod 7.39.

26 **lliwiedig** Dilynir GPC 2195 a rydd yr ystyr 'a lliw arno', &c., i'r
enghraifft hon, ond tybed na all fod yn ffurf ar *llifiedig* 'wedi ei lifio', *ib.*
2179?

27 Y mae ystyr y ll. hon yn dywyll.

chwefris Awgrym petrus GPC 848 yw '?gwyllt, garw', gan awgrymu
bod *chwefr* yn amrywiad ar *gwefr;* cf. *chwefrig, chwefrin, ib.* Byddai ei
ddiwygio yn *chwerfis* (*chwerw* + *mis*) yn gyson â'r cymeriad cyngan-
eddol ac yn esbonio rhywfaint ar y gair *mis* yn y ll. hon, ond prin fod
digon o gyfiawnhad dros wneud hynny. Posibilrwydd arall yw diwygio
yn *chweiris*, ffurf 3 un.grff.myn. y f. *chwaru* 'digwydd, cwympo, dod',
gw. GPC 843; cf. yn arbennig GLlL1 16.1 *Chwefraᵒr mis chweiris
chweddyl diargel,—maᵒr.*

mysain Cf. uchod 2.24n.

diennig 'Diarbed, helaeth, hael, ewyllysgar; nwyfus, eiddgar, egnïol',
GPC 974. Cf. isod ll. 119 *iaith ennig—frithgyrdd?*

31 **dyfrys** Gwell ei ystyried yma naill ai'n fôn y f. *dyfrysio* neu'n ffurf 3
un.pres.myn., yn hytrach nag yn a. 'cyflym, brysiog', &c., fel y gweir
yn G 415; *ddyfrys ddifrod* a ddeellir yno.

heiriedig Unig enghraifft. Priodol yw awgrym GPC 1841, 'treuliedig',
o'r f. *heirio* 'treulio, gwario, difa, gwastraffu'.

32 **armes** 'Darogan' neu 'trychineb, trallod, colled', GPC 208. Ym-
ddengys yr ystyr gyntaf yn fwy addas gyda *lles*, ond tybed nad gwall
yw hwnnw am *lleis*?

anodrig Unig enghraifft. Dilynir awgrym G 31, 'annioddefol' (*an-* + *godrig*: *godrigo*), cf. GPC 149.

33 **llws** Llsgr. C *ffôs*. 'Sylwedd gludiog neu lysnafeddog, llys, glud', GPC 2237, ond nodir mai ansicr yw'r ystyr yn y fan hon, sef yr unig enghraifft gynnar o'r gair. Cymherir y ffurf yn betrus â'r H.Ffr. *lous* 'truan', Llyd.C. a Diw. *lous* 'budr'. Byddai 'llysnafeddog' neu 'budr' yn addas yma.

mynws Ffurf ar *mwnws*, nid yn yr ystyr 'cyfoeth', ond 'llwch … gweddillion diwerth, gwaddod, sorod', &c., GPC 2511.

35 **llesclawr** Llsgr. C *lleisclaốr*, sef *llais* + *clawr*, o bosibl, ond anodd canfod ystyr foddhaol. Ymddengys fod yma wall copïo tebyg i *lleistreu* am *llestreu* yn y ll. flaenorol. Cynigir mai *llesg* + *clawr* sydd yma, 'bwrdd diffygiol neu salw', cf. ChO 19 (llau. 20–1) *Calet a llesc yw dy ymborth di, a ryued yw dy vyw rac newyn.*

bryswlydd Derbynnir awgrym Lloyd-Jones, G 81 d.g. *brys*[1], sef 'chwyn' (*brys* + *gwlydd*).

37 **cyflwybr** Unig enghraifft. 'Hylwybr, hyffordd, hawdd ei gerdded, a dramwyir gan bawb yn ddiwahaniaeth', GPC 701; cf. G 211.

38 **pasgiad** Dyfynnir y ll. yn GPC 2785 d.g. *pesgiad, pasgiad* 'y weithred o besgi, porthiad, tewychiad, meithriniad'. Dyna'r ystyr i'r geiriadurwyr, ond nid yw'n ymddangos yn gwbl addas yn y cyd-destun hwn. Tybed nad 'porthiant anifeiliaid' a olygir? Cf. GPC 2697 d.g. *pasg*.

40 **lloncler** Ai cyfuniad o *llong* (ffurf f. *llwnc, llwng* 'yn llyncu', cf. *trallwng*, ll. 20) + *clêr*? Cf. GC 7.199 *Gorwacter y glêr ofer a yf.*

sêr Rif y sêr, o bosibl, neu drosiad am ddillad llachar y glêr? Cf. GIG 167 (XXXVII.52) *Nid clêr lliw'r tryser llawr tref.*

41 **llyngiaid** Unig enghraifft. Ll. *llyngiad* 'un sy'n llyncu, llyncwr', gw. GPC 2274 d.g. *llynciad*[2], *llyngiad*.

ysaid Cyfuniad o *ys* (bôn y f. *ysu*) + *haid*, mae'n debyg, yn hytrach na'r olddodiad a. -*aid*.

rheithgun Cyfuniad o *rhaith* + *cun* 'arglwydd, pennaeth'. Gw. G 186 lle y rhestrir y ffurf d.g. *cun*[1], a cf. *penrhaith* a drafodir uchod 1.2n. Ond cf. hefyd *cun*[2] 'haid o gŵn neu o fleiddiaid; llu, byddin', GPC 630.

44 **godröig** Unig enghraifft. 'Buwch odro, buwch flith', GPC 1423.

46 **teuluwas** 'Teuluwr, bardd teulu', gw. GIG 308 (XXII.9–10n).

talmig Cynigir yn betrus yr ystyr 'tiriog': *talm* 'ardal estynedig o dir' neu 'cyfran' + olddodiad a. -*ig*.

47 **direufedd** Gw. uchod 3.8n.

gwaeddedig Awgrymir yn G 155–6 d.g *coðedic* y dylid diwygio darlleniad llsgr. C *gaededic* yn *godedic* (*coddedig* 'dig, llidiog, gofidus', &c.); felly hefyd GPC 1033 d.g. *direufedd*, ac *ib*. 1931 d.g. *hwngr*. Fodd bynnag, y mae *gwaeddedig* yn llai o ddiwygiad a rhydd well cyflythreniad â *gwedd* (a fyddai, felly, yn wrywaidd); cf. *ddull gwaeddiedig*, ll. 88 isod. (Ceir *gwenwynig*, *difwydig* ac *ysig* ddwywaith yn safle'r brifodl, llau. 21, 107; 37, 54; 41, 123.)

hwngrnaws Cyfuniad o'r e. *hwngr* (o'r S. *hunger*) + *naws*. Yn GPC 1931 d.g. *hwngr* cymerir mai dau air ar wahân sydd yma. Cf. *hwngrdlawd*, ll. 66 isod; R 1362.23 (y Mab Cryg).

51 **gŵyl Gurig** 16 Mehefin. Cysylltir Sant Curig yn bennaf â phlwyf Llangurig yn sir Drefaldwyn, ond cysegrir eglwysi iddo mewn rhannau eraill o Gymru yn ogystal, gw. LBS ii, 192–200.

52 **rhewydd** Ar sail cyd-destun ac arddull, y mae'n annhebygol mai'r un gair yw hwn â *rhewydd* y ll. ganlynol, 'anllad, trythyll, chwantus', &c. Ymddengys mai'r f. *rhewi* sydd yma gyda therfyniad 3 un.pres.myn. -*ydd* mewn cymal pth. (cf. *y sydd*); gw. GMW 119, ond sylwer bod yr enghreifftiau a restrir yno gryn dipyn yn gynharach na'r 14g.

Mawrth-ddydd Llsgr. C *maↄrthyd*. Rhoddir y ffurf *mawrthðyð* yn G 410 d.g. *dyð* ond heb nodi cyfeiriad.

marthig Unig enghraifft. Derbynnir awgrym GPC 2364 '?gwarthus, cywilyddus' (?*marth* + -*ig*). Posibilrwydd arall yw deall *marthddig* (*marth* + *dig*) neu ddiwygio yn *mawrthig* 'rhyfelgar', cf. GCBM ii, 4.168.

53 **cathlddig** Llsgr. C *kathlodic*. Derbynnir diwygiad G 117 d.g. *kath*[*y*]*l* er mwyn hyd y ll. Â'r disgrifiad o'r gog yn llau. 53–4, cf. CLlH 24 (ll. 10a) *Kethlyd kathyl uodawc hiraethawc y llef* ('Claf Abercuawg'); GEO 43 (rhif 7).

herythlom *Herwth* yw'r elfen gyntaf, sef 'y coluddyn rhefr … *rectum, the arse-gut*', GPC 1860.

55 Hyd yn oed o gywasgu *lle y*, fel y gwneir yn llau. 73 a 99 isod, ymddengys fod y ll. sillaf yn rhy hir.

gwneir dadlau Â'r ymadrodd hwn cf. RB ii, 151 (llau. 1–2) *ymchoelant o vordↄy y wneuthur dadleu ar llↄynaↄc*, a ddyfynnir yn GPC 871 d.g. *dadlau* dan yr ystyr 'brwydr, ymladd'. Ond cf. hefyd IGE² 209 (llau. 15–16) *Dal yr wyd, gar dôl rodir, / Drwy dy hun, dadl drudwy hir* (Llywelyn ab y Moel, ond gthg. GSCyf 12.43–4 *dadl hwndrwd hir*).

lludw Cf. 'brân y lludw: *hooded or grey crow*' a nodir yn GPC 308 d.g. *brân*.

lletollig Ni restrir y ffurf yn GPC ond cf. *lletollt* 'hollt; holltog, tyllog' (?*lled* + *hollt*), GPC 2162. Tebyg mai'r hyn sydd yma yw *lled* + *holl* (amrywiad ar *hollt*) + olddodiad a. *-ig* (cf. *hollog*[2], GPC 1893). *Lledollig* a ddisgwylid o ran y gynghanedd.

56   **uchedydd** 'Ehedydd' yw ystyr gyffredin y gair, ond gthg. GBDd 5.29 *Nêr brenhinol, Naf a chedol nef Uchedydd.* Yn ôl *ib.* 60 tebyg yw'r ystyr yn y fan hon yng ngherdd Hywel Ystorm, 'llywodraethwr, goruchelwr', ond awgryma'r cyd-destun yn gryf mai enw'r aderyn sydd yma.

57   **begrwan** Cyfuniad o *begr* (o'r S. *beggar*) + *gwan*. Cf. GGDT 13.33 *Begr golwyn* (dychan Trahaearn Brydydd Mawr i Gasnodyn); R 1269.44 *cas vegyr* (Madog Dwygraig).

       mig 'Sbeit, malais, soriant', GPC 2452 d.g. *mic*[1], *mig*[1] (ni roddir enghraifft gynharach na'r 15g.). Cymerir bod iddo rym a. yma.

58   **anlladwen** Cf. yr a. *rhewydd* i ddisgrifio'r cethlydd, ll. 53. Dichon mai *gwên* yn hytrach na'r a. *gwen* (*gwyn*) yw'r ail elfen. *anllatwen* a geir yn llsgr. C, a phwynt dileu o dan y *t*, ac *anllawen* yw'r ffurf yn ôl G 30 d.g. (unig enghraifft) a GPC 132 d.g. Os felly, byddai'n rhaid newid *yn y lledwig* i *yn ei llewyg* (mae'n debyg) er mwyn y gynghanedd.

       lledwig Ai cyfuniad o *lled* + *gwig*? Ni restrir y ffurf yn G na GPC, ond cf. *lledwydd* 'coed eilradd, coed canolig neu wael, coed diffrwyth; coed afalau surion; prysgwydd', GPC 2138; cf. GBDd 4.18. Am yr e. lle *Lledwigan*, gw. G 679 d.g. *gwic*[1].

59   **ar ddiwanwe** Cymerir mai ffurf ar *ar ddiwanfa* 'ar ddisberod' sydd yma, yn hytrach na'r cyfuniad *diwan* + *gwe* 'gwe gref' a awgrymir yn G 376 d.g. *diwan*. Cf., e.e., GDG[3] 103 (37.25), 147 (54.31).

       arddywynnig Unig enghraifft. '?Rhyfedd, eithriadol' yn ôl GPC 190, gan ddilyn G.

60   **bedmyn** Llsgr. C *bet myn*. Ai ffurf l. *bedman* 'gweddïwr, gweddïwr dros enaid eraill, gweddïwr tâl' (o'r S.C. *beodeman*, *bedeman*)? Cf., o bosibl, *cechmyn* (ffurf l. *cachmon*) a geir yn Llyfr Taliesin, gw. GPC 374. O lsgr. o'r 16g. y daw'r unig enghraifft o *bedman* a ddyfynnir yn GPC 266, ac ni roddir ffurf l. Yn ôl G 53 d.g. *bet*[1] dau air sydd yma, ac awgrymir yn betrus mai 'ymbil, cri' yw ystyr *bed* (?o'r H.S. *bed*).

67   **dine** Unig enghraifft. Cyfuniad o *di-* + *gne* 'lliw', GPC 1020.

       blotëig Unig enghraifft. A. 'yn cardota blawd' yn ôl GPC 290 d.g. *bloteig* (gan ddilyn G). Cymerir bod iddo rym e. yma—'bloteig dynol'.

69   **adreisig** Unig enghraifft. 'Cadarn, meistrolgar', GPC 26; cf. *treisig*.

71   **plennig** Dilynir awgrym petrus GPC 2824 d.g. *plennig*[1], '?melltigedig, pechadurus'. Dyfynnir yr enghraifft hon ac R 1217.8–9 *arwarant eua blant blennic* (Gruffudd ap Maredudd).

       Llusiffer A'r acen ar y goben. Ceir yr un trawiad cynganeddol yn GBDd 4. 28 *Gwala Lwsiffer lys uffern dlawd.*

73 **gŵyl Badrig** 17 Mawrth. Â Phenfro y cysylltir Sant Padrig yn bennaf, gw. LBS iv, 71.

74 **bwch cerrig** Cf. 'gafr y graig' a 'gafr y creigiau' am *ibex*, GPC 1370 d.g. *gafr*.

77 **rhwyfwawd** A deall *rhwyf* i olygu 'arglwydd, pennaeth', gellir cynnig yr ystyr 'canu mawl'; cf. *tëyrnwawt* a restrir yn G 635 d.g. *gwawt*.

    rhyfyg—nis daliant Cf. GBF 14.1 *ryuyc—ny dalÿon* (y Prydydd Bychan), a aralleirir 'ni chynhaliwn falchder [mwyach]'. Ond mewn ymadroddion o'r fath gall *daly* olygu 'teimlo' neu 'brofi', gw. G 291 lle y rhestrir enghreifftiau o'r f. gydag enwau megis *trymfryd, tristwch, serchawgrwydd*, &c., ynghyd â *rhyfyg*; cf. GPC 881 d.g. *daliaf* dan ystyr 3(b).

78 **noes** 'Sŵn, llef' (o'r S. *noise*), GPC 2592; nodir mai ansicr yw'r enghraifft hon, yr enghraifft gynharaf o'r ffurf.

80 **mennig** Unig enghraifft yn GPC 2430 d.g. *mennig*[3] '?dyn anghenus' (o'r Llad. *mendīcus*?). Ymddengys yr ystyr honno'n gwbl addas.

81 **prifeirdd profiedig** Cf. GIG 94 (XXII.43–4) *Prifeistr cywydd Ofydd oedd, / Profedig, prifai ydoedd*, 167 (XXXVII.53–4) *Nid beirdd y blawd, brawd heb rym, / Profedig feirdd prif ydym.*

84 **benffyg** Ffurf hŷn na *benthyg*, o'r Llad. *beneficium*, gw. GPC 272.

85 **gorloes** Llsgr. C *oorloes*. Cymerir mai ffurf dreigledig *gorloes* (*gor-* + *gloes*) sydd yma, gw. GPC 1489 d.g. *gorloes*[1]. Gallai fod yn wall am *oerloes*.

    lleithig 'Mainc, glwth', &c., yw'r ystyr gyffredin, o'r Llad. *lectīca*. Yn GPC 2150 d.g. *lleithig*[2] awgrymir yn betrus yr ystyr 'llaith, gwlyb' yn R 1358.19 *na llonn vyngcroth loth leithic* (Tudur fab Gwyn Hagr), ond annhebygol yw hynny yma.

88 **dull** Gwnâi ystyr debyg i 'modd, ffurf', &c., y tro yma, ond cymerir mai 'rhes' a olygir; cf. GPC 1098 lle y ceir 'rhes wrth fwrdd gwledd' ymhlith yr ystyron.

89 Hyd yn oed o gywasgu *Lle heb*, ymddengys fod y ll. sillaf yn rhy hir.

93 **marngl** Ffurf dywyll. Disgwylid gair i gynganeddu â *merydd*, ond anodd yw cynnig diwygiad boddhaol. *marfgyl* a geir yng nghopi Siôn Dafydd Rhys o'r Llyfr Coch yn llsgr. G, a *marugyl* yng nghopi John Davies yn llsgr. D. Yr oedd y llsgrau. hyn ymhlith ffynonellau anuniongyrchol y *Myvyrian Archaiology*, a *marygyl* a geir yn nhestun MA[2] 343, ond nodir ar odre'r ddalen 'Neu, marugyl'. Nid annichon mai *marugyl*, ac nid *marngyl*, sydd yn llsgr. C.

94 **Gwaeddan** Gw. uchod 3.28n. Tebyg mai'r e.p. sydd yma, fel yr awgrymir yn G 601.

95 **crwban** Yn ogystal â chrwban, crwban y môr, morgranc neu gimwch, gall olygu 'un â chrwbi ar ei gefn', GPC 614. Cf. isod ll. 103 *crwbach* ('crwca').

llopan Math o esgid amrwd. Eb. yn ôl GPC 2208, ond ymddengys mai eg. ydyw yma. Ceir yr un ddelwedd yn GC 11.147 *Cart llewpart llopan lythwyr*.

98 **Lle anghredadun bun ben gyrnig** Cf. isod 9.72 *Mam ddiffydd*. Diau fod cysylltiad dieflig i'r ddelwedd—cf. IGE² 277 (ll. 7) *Daw llu uffern, gern gyrnig* (Siôn Cent); cf. hefyd uchod ll. 71 *plant plennig—Llusiffer*.

100 **drygof** Cyfuniad o *drwg* + *gof*. Cf. H. Lewis, 'Diarhebion ym Mheniarth 17', B iv (1927–9), 9 *Gwell drycsaer no drycof*.

llemffyrch Ffurf l. ar *llamfforch* 'gafl neu lwynau llamsachus, fforch sy'n llamu', GPC 2092. Efallai fod yma chwarae ar y gair *ffyrch* wrth ddychanu gwaith salw'r gof.

llymffig Cyfuniad o *llym* + *ffig* '?lledewigwst; clap: *piles, venereal disease*', GPC 1287. Cf. isod ll. 124 *ffeniglbost ffig*.

101 **ceirnion** Ffurf l. ar *carn* a ddeellir yma yn yr ystyr 'cruglwyth, twr, pentwr', &c.

103 **cribin** Hefyd 'yn *ffig.* am berson cribddeilgar neu grafanglyd', GPC 596. Cf. R 1273.21 *Cribin danhedgrin anhudgryt gynted* (Madog Dwygraig).

105 **tincr** O'r S. *tinker*. Cf. R 1336.1–2 *Llech rech rót tankót tingkyr gwarth tlodi gwyr* (Gruffudd ap Maredudd), 1273.13–14 (Madog Dwygraig), a gw. GDG³ 148.18n.

106 **oddof** Byddai *go* + *dof* yn bosibl, ond nid oes ystyr neg. i'r a. hwnnw. Fe'i deellir, yn hytrach, yn ffurf ar *oddf* 'chwydd neu dyfiant caled (ar gnawd, e.e. ploryn, cornwyd, corn)', GPC 2618, a'r enghraifft gynharaf a ddyfynnir o'r 15g.; WS '*oddwf* neu *oddyfyn*'. Pe diwygid yn *oddf* ceid ll. wythsill, ond byddai hynny'n gwanhau'r cymeriad â'r gair *Addaf* a ailadroddir mewn modd mor drawiadol yn y rhan hon o'r gerdd.

Afan Fyrddig Afan Ferddig: cynfardd a gysylltir â Chadwallon ap Cadfan, brenin Gwynedd yn y 7g. Am gyfeiriadau eraill ato, gw. TYP² 268; G 14 d.g. *Auan*.

108 **bors** 'Tor llengig, *hernia*' (?o'r S. *burse* neu *burst*), GPC 302. Cf. *borsgwd, borsgawg*, 7.13, 41 isod.

llyngaul Unig enghraifft. Dilynir GPC 2274, '?dyfrllyd (am dor llengig)'; awgrymir ei darddu o *llyn* 'hylif' + *caul* 'bol'.

111 **ysgodig** *Ysgawd* (ffurf ar *cysgawd*) + terfyniad a. *-ig*, 'tebyg i gysgod neu ellyll', gw. ymdriniaeth Ifor Williams yn CA 388. Un o'r ystyron a roddir i *ysgod* yn D yw *larua*, sef '*ellyll nôs, drychiolaeth nôs …*

anyspryd'. Awgrymir yn CA 388 fod yr ystyr yn agos i 'gwyllt' (cf. LlDC 170) a byddai hynny hefyd yn gweddu yma. Posibilrwydd arall yw cysylltu'r ffurf ag *ysgodigaw* 'ffoi, dianc', cf. GDG³ 606. Yn GCBM i, 16.215, aralleirir *Yscodic rac kart* '[Un sy'n] cilio rhag gwaradwydd', a gw. *ib*.n. Yr hyn a geir yn llsgr. C yw *pysgodic* â phwynt dileu dan y *p*, ac fe'i dosberthir yn betrus yn GPC 2967 dan yr ystyr '?yn drewi fel pysgod', yr unig enghraifft o'r ffurf cyn P.

112 **dulliedig** Unig enghraifft ac eithrio P. O'r f. *dullio* yn yr ystyr 'plygu, plethu, crychu', &c., gw. GPC 1099 d.g. *dulliedig* a *dulliaf*.

113 **tyllgorn** 'Corn tyllu', efallai, yn hytrach na 'chorn tyllog'. Diddorol yw sylwi mai un o'r ystyron a roddir i *corn* yn GPC 562 yw 'erfyn o gorn a ddefnyddid gan eurychod a rhai'n cyweirio neu'n disbaddu anifeiliaid, &c.'.

114 **arian clipiedig** O'r S. *clip*, gw. EEW 138 a GPC 500. Cf. R 1270.2–3 *glippyŏr tāmeu casgyl* (Madog Dwygraig).

116 **crinwryf** Cyfuniad o *crin* + *gwrŷf* 'gwasgiad, pwysau'.

119 **ni thau** Cymerir mai rh.pth. yw *ni* yma, h.y. 'nad yw'n tewi'. Â'r gystrawen 'tewi â ...', cf. GDG³ 96 (34.35) *Ni thau y gog â'i chogor*.

iaith ennig Llsgr. C *ieith enic*. Ni restrir *enig* nac *ennig* yn GPC. Gellid deall *ennyg*, ffurf 3 un.pres.myn. y f. *annog*, ond ni roddai hynny ystyr foddhaol. Yn G 479 d.g. *ennic* nodir 'gw. *diennic*'. Yn ôl GPC 974 daw *diennig* 'diarbed, helaeth, hael, ewyllysgar; nwyfus, eiddgar, egnïol' o'r neg. *di-* + elf. **gann* (cf. Gwydd. *gand, gann* 'prin, crintach', *digaind* 'cadarn, aml, helaeth') + *-ig*. Os felly, gellir cynnig yn betrus mai ffurf dreigledig *gennig* sydd yma, yn golygu 'crintachlyd, cyndyn'.

brithgyrdd Ffurf l. *breithgerdd* (a geir yn y ll. nesaf), 'cerdd gymysglyd, wael', GPC 318.

121 **goriedig** 'Crawnllyd, llawn gôr', cf. Llyd.C. *guyridic* 'poenus, dolurus'. Gw. GPC 1473 d.g. *goredig, goriedig*.

122 **terrig** 'Garw, creulon, ffyrnig', &c., cf. GLlBH 19.36n.

124 **ffeniglbost** Llsgr. C *ffenngylbost*. Rhoddai *ffenglbost* l. wythsill, ond anodd yw canfod ystyr. Tebyg mai *post* yw'r ail elfen ac mai gwall copïo am *ffenigl* yw rhan gyntaf y gair. Gall y planhigyn hwnnw ymdebygu i bostyn o ran ei faint, ac am enghraifft o'r gair mewn cyswllt dychanol, cf. GDG³ 205 (75.57) *Diddestl farf ffanugl gruglwyn*; gw. hefyd *ib*. 64.10n.

125 **ceilioer** Dilynir yn betrus iawn awgrym G 123 d.g. *keil²* mai'r hyn sydd yma yw *ceily* (ffurf l. ar *caly* 'cal') + *oer*. Fodd bynnag, ni roddir y ffurf l. hon yn GPC 390, ac nid yw'r cyflythreniad â *clo* yn gwbl foddhaol ychwaith.

126 **dyff ryff** Ni restrir y ddau air hyn (na *tyff*) yn GPC. Nodir '*dyff* (neu *tyff*)' yn G 416 heb gynnig ystyr. Ceir yr un ffurfiau, yn ôl pob golwg, yn 7.21–2 isod: *Graen dwrstan bonran bonrech, fforstal—dyff, / Bonryff bonws, cyff cyffaith unmal.* Tybed ai benthyciadau o'r S. sydd yma? Un ystyr gyffredin i *tiff* yn y 14g. oedd '*to attire, dress, deck out*', gw. OED². a'r unig ystyr i *riff* a ymddengys yn addas yw '*a cutaneous eruption; the itch or mange*', â'r enghraifft gynharaf o 1578. Ai 'tinglafr', felly, yw ystyr *bonryff*? Anodd yw cynnig aralleiriad ystyrlon yn y naill gerdd na'r llall.

127 **gwddyf** Gan mai ll. ddecsill a ddisgwylid, cymerir bod *wdyf* llsgr. C yn air deusill yma. Cf. *oddof* am *oddf* yn ll. 106 uchod i gyflythrennu ag *Addaf*, fel y gwna *wddyf* yn y fan hon.

130 **taeog crefftau** Cf. R 1273.13–14 *Tingkyr greffdyn brethyn brithyt* (Madog Dwygraig). Dichon fod ergyd arbennig i'r gair *taeog* yma yng ngoleuni Cyfraith Hywel; cf. LlB 108 (llau. 17–19) *Teir keluydyt ny eill tayawc eu dyscu y vab heb ganhat y arglwyd: yscolheictawt, a gofanyaeth, a bardoniaeth.*

Mynegai

cyllestrig 6.12n
cynefodig 6.42
cynfyl 6.11
cyrf gw. corf
cyrfyll 6.23n
cyrnig 6.98n
cywarch 6.129
chwedryll 6.23
chwefris 6.27n
chweinwig 6.34
chwerwlys 6.25
chwydrefr 6.23
dadlau 6.55n
daly: daliant 6.77n
diennig 6.27n
difenwi: difenwant 6.71
diflith 6.44
diflwng 6.44
dilawch 6.64
dile 6.64
diliwr 6.115
dine 6.67n
dire 6.69
direufedd 6.47n
dirwydd 6.69, 70
diwanwe gw. ar
diwe 6.80
diwestl 6.80
diysig 6.89
drudw 6.55
drygeurych 6.99
drygof 6.100n
dull 6.88n
dulliedig 6.112n
dyfrysio: dyfrys 6.31n
dyff/tyff 6.126n
dyhir 6.83
dyre 6.29
efrydd 6.17
emennydd 6.123
enderig 6.45
enwir 6.19n
eurwawr 6.4

eurych 6.13n (a gw. drygeurych)
ffeniglbost 6.124n
ffig 6.124 (a gw. llymffig)
ffrost 6.124
gafrfwch 6.16
gagog 6.130
garan 6.51
gellyg 6.109
gennig 6.119n
germain 6.32
gerwinardd 6.82
gloesig 6.49
godröig 6.44n
goganu: goganaf 6.127
gogr 6.129
goriedig 6.121n
gorloes 6.85n
gwaeddedig 6.47n gwaeddiedig
    6.88
gwddyf 6.127n
gwneuthur: gwneir dadlau 6.55n
gŵyl Badrig 6.73n
gŵyl Gurig 6.51n
heiriedig 6.31n
herythlom 6.53n
hwngrdlawd 6.66
hwngrnaws 6.47n
hwyl 6.1n
llamfforch: llemffyrch 6.100n
lleas 6.91
lledwig 6.58n
lleiprfrig 6.95
lleithig 6.85n
llemffyrch gw. llamfforch
llesclawr 6.35n
lletollig 6.55n
lliwiedig 6.26n
lloncler 6.40n
llopan 6.95n
lloriaid 6.39
lludw 6.55n
llws 6.33n
llyngiad: llyngiaid 6.41n

Enwau personau

Addaf 6.7, 30, 103, 104, 105, 107,
109, 110, 111, 112, 113, 115,
116, 117, 118, 119, 126, 127
Afan Fyrddig 6.106n

Curig 6.51n
Gwaeddan 6.94n
Llusiffer 6.71n
Padrig 6.73n

CERDDI DYCHAN DIENW
O LYFR COCH HERGEST

Rhagymadrodd

Y mae'r pum cerdd ddychan ddienw a olygir yma am y tro cyntaf wedi eu cofnodi yn Llyfr Coch Hergest, a'r llawysgrif honno yw ffynhonnell yr holl gopïau sydd ar gael. Fe'u ceir yn llaw Hywel Fychan yng ngholofnau 1338–40 ac 1346–8, a chan mai i Hywel Ystorm y priodolir yr awdl a geir yng ngholofnau 1337–8, tybid hyd yn ddiweddar mai ef oedd awdur y cerddi hyn ynghyd â'r ddwy gerdd ddychan i Drahaearn Brydydd Mawr a Chasnodyn a geir rhyngddynt yng ngholofnau 1340–6. Ond fel y crybwyllwyd eisoes yn yr ymdriniaeth â Hywel Ystorm,[1] derbynnir bellach mai Trahaearn a Chasnodyn eu hunain biau'r ddwy gerdd honno, ac ni ellir ond dyfalu ynghylch awduraeth y pum cerdd arall. Gan na wyddys ychwaith pwy yw gwrthrychau'r cerddi, nid oes modd eu dyddio'n fanwl, a'r cwbl y gellir ei honni'n bendant yw i'r pum cerdd gael eu cyfansoddi rywbryd yn ystod y bedwaredd ganrif ar ddeg, cyn ysgrifennu'r Llyfr Coch.

Fe welir bod cryn debygrwydd yn arddull a geirfa cerddi 7 ac 8, yn ogystal â'r mannau y cyfeirir atynt, ac y mae'n fwy na phosibl mai'r un bardd a'u cyfansoddodd. O gymryd y pum cerdd gyda'i gilydd, sylwir bod y mesur yn wahanol ym mhob un ac eithrio'r ddwy gerdd olaf, sy'n ddwy gyfres fer o englynion unodl union. Yr un mor drawiadol yw amrywiaeth eang y cyfeiriadau daearyddol. Sonnir am rannau o'r Gogledd-ddwyrain ac am Fôn yng ngherddi 7 ac 8, am Forgannwg yng ngherdd 9, ac am ardal Llandybïe yn sir Gaerfyrddin yng ngherdd 11. O ran eu harddull, eu geirfa liwgar, eu delweddaeth fras a'u gormodiaith ddigywilydd, y mae'r cerddi hyn—a 7–9 yn enwedig—yn debyg i ddychangerddi eraill y gyfrol hon, ac yn nodweddiadol o'r corff hynod o ganu dychan a ddiogelwyd rhwng cloriau Llyfr Coch Hergest.[2] Fe welir isod fod elfen amlycach o gellwair a thynnu coes yn perthyn i'r ddwy gerdd olaf, sy'n eu gosod, efallai, yn yr un math o draddodiad â defod y cyff clêr.

---

[1] Gw. uchod td. 61. Y mae'n werth nodi yma fod yr englynion dychan i'r crythor, sy'n cychwyn: *Craff y heirch y cleirch clerswm* ... (R 1345.9–1346.3), wedi eu cynnwys fel rhan o'r dychan i Drahaearn yn GC (11.129–80). Ymddengys, fodd bynnag, mai cerdd ar wahân yw hon yn y Llyfr Coch (ac felly y'i hystyrir, yn ôl pob golwg, yn y llawysgrifau eraill), ac o'i chyplysu â'r dychan i Drahaearn, try'r gerdd honno'n hwy o lawer na'r un o ddychangerddi eraill y cyfnod.

[2] Amlinellir prif nodweddion y canu yn ail bennod DGIA, 38–66. Gw. hefyd Dylan Foster Evans, '*Goganwr am Gig Ynyd*': The Poet as Satirist in Medieval Wales (Aberystwyth, 1996); Twm Morys, 'Chwedleu Chwydlyd: Golwg ar Ganu Dychan Llyfr Coch Hergest', *Barddas*, 135–7 (Gorffennaf/Awst/Medi 1988), 32–4.

7
Dychan i Einion

Da y gorug Duw dial—ein difa
  Ar bla blys Efa rhag blas afal,
A'r eilpla, difa dyfal,—a gwynwn
4   Rhag hwn a'i ledrwn lodraid gagal,
Rhefraid llawr Maelawr, nid mal—Merfyniawn,
  Rhag balchder Einiawn a'i grawn grwynial.
Cyd gweddai cicsai cocsal,—er bawed,
8   Dudded neu bisned, bwysiwr gweinial,
Ni weddai iddo, newyddal—fwriwrch,
  Groenen eisindwrch, gra na syndal.
Cwll cimwch Morllwch, mawrllanw hoywal—chwŷd,
12   Merllyd er Ynyd ei eirinial;
Ceilliagwd forsgwd farsgal—cigyddion,
  Caill drochion sebon ansyberw wâl.
Cell bwyschwant ariant, arial—dwfr elach,
16   Eryr clawrgleiriach, clêr betryal;
Greoedd ei achoedd uwch ardal—Dinbych,
  Grawallt brych bresych, breseb garnial;
Gronianwr, twyllwr, twll tâl—ei waedog,
20   Bawai anfoddog, biw iawn feddal;
Graen dwrstan bonran bonrech, fforstal—dyff,
  Bonryff bonws, cyff cyffaith unmal;
Gruel a archai, Greal—cwrogau,
24   Greor clafdyau, meileidiau mâl;
Gwrw fryntlawn Einiawn ynial,—mehinddryll,
  Nid gŵr pâr-sefyll mal Pyrsyfal;
Gŵr gofenaig saig soegial—Bewmares,
28   Nid gŵr a rodies gwŷr yr Eidial.
Gŵr achawl ni thawl ac ni thâl—ei faw,
  Gwedy rhydiriaw yn Rhyd Wrial.
Gŵr hyfws ei fodd, gŵr hafal—Iosedd,
32   Gŵr ni roes berthedd ar barthau Iâl.
Goriain, air milain: 'Aur mâl,—adolwg!'
  Gorhëwg tradrwg, troedrwym dwncial;
Grawngwd us myngus, myngial—ci cwta,
36   Yn rhoch ddiota, rhech ddiatal;
Gröeg loyw dwyseg, dwsel mal—mymlws,
  Gruddlwyd bonws mws, mysfain weinial;

Alwar cig pennyg pynial,—lwyth murmur,
40   Eri greadur hersur horsal;
Alaawg forsgawg, farsgal—hudolion,
      Alaon ruchion, rech ysbringal;
Elain ceilldaer, maer Marchwial—bramhwydd,
44   Alŵydd llaw dyŵydd, nid llew dywal;
Olgach, prif fonsach profinsal—refrau,
      Ef biau maddau medd o fual;
Aelgipiog gostog cystal—Pilatus,
48   Iawn wydius llwygus, lleyg anwadal.
Olew da nid â is ei dâl—rhag llaw,
      Aelaw yn ceisiaw caws Dôl Gynwal.
Elw i'w enaid rhaid, rhwd chwydal—arffed,
52   Ei grest ni tholied, i Grist ni thâl.

Ffynonellau
A—BL Add 15001, 233ʳ B—J 111, 1338 C—LlGC 4973B, 334ʳ D—LlGC
21287B [= Iolo Aneurin Williams 1], 90ʳ E—Llst 147, 242 (*o'r cefn*) F—
Pen 118, 237

Seiliwyd y golygiad ar destun llawysgrif B, yr hynaf. Codwyd y gerdd i'r
holl lawysgrifau eraill un ai'n uniongyrchol neu'n anuniongyrchol ohoni.
(Ymhellach ar y llawysgrifau, gw. isod tt. 151–2.)

Darlleniadau'r llawysgrif
4 eil edrͻnn. 5 maruynnyaͻn. 8 gͻeniral *neu* gͻemral. 15 dwfrellach. 18
graͻalt. 22 borͻs. 26 malpyrs hyual. 27 soec[ ]al. 29 nythhaͻl. 33 Gͻryein. 34
gor heuͻc; tratrͻym. 35 mygnus mogyal. 38 mysfein *ac* e *wedi ei*
hychwanegu uwchben yr y; wemral. 39 lͻyll. 40 hursur *ac* e *wedi ei*
hychwanegu uwchben yr u *gyntaf*. 41 Halaaͻc. 43 morchhͻyal. 44 allͻyd.

Dychan i Einion

Da y dialodd Duw am ein difa
Ar bla blys Efa oblegid blas afal,
A chwynwn am yr ail bla (difa dyfal)
4   Oblegid hwn, a'i ŵn lledr a llond clos o faw
(Tinllwyth gwlad Maelor, nid fel hil Merfyn),
Oblegid balchder Einion a'i hen grwyniach crawnllyd.
Er yr haeddai'r llowciwr cig sâl ei gala, er eu butred,
8   Fantell neu ?diwnig, gormeswr blysiog ei gal,
Ni weddai iddo, iwrch hyrddiog newydd ei ddal,
Groenen twrch diwerth, na ffwr na sidan.
Bol cimwch Morllwch, yn chwydu fel rhuthr llanw mawr,
12   Meraidd ers gŵyl Ynyd yw ei geilliau.
Marsial cigyddion â thor llengig yn ei gwd,
Trochion sebon o'i geilliau [mewn] gwely gwael;
[Un] ymwthgar a thrachwantus am arian [o] gell, un o ddewrder
     llipryn diffaith,
16   Eryr o hen ddyn clafrllyd, sgwâr tref y glêr;
Heidiau o feirch yw ei achau uwch ardal Dinbych,
A'u myngau ffwr yn frych fel bresych, a'u pystylad mewn stabl;
Grwgnachwr, twyllwr a phen ei goluddyn yn dyllog,
20   Bawddyn anniddig, meddal iawn ei bwrs;
Trwstan digalon a'i din holltog yn rhechu, llestair …
?Clafrllyd yw ei din, cyff tebyg i gyffaith;
Gofynnai am rual, Greal ?cewyll [= dihirod],
24   Bugail clafdai, powleidiau o rawn mân;
Un garw a llawn bryntni yw Einion ddiffaith, talp o floneg,
Nid gŵr gwaywsyth fel Pyrsyfal,
Gŵr sy'n dyheu am saig ?soeglyd Biwmares,
28   Nid gŵr a rodiodd ymhlith gwŷr yr Eidal.
Nid arbed ac ni phrisia gŵr bonheddig ei faw,
Wedi glanio yn Rhyd Wrial.
Gŵr drewllyd ei anian, gŵr tebyg i Iosedd,
32   Gŵr na roes degwch ar barthau Iâl;
[Yn] bloeddio, air milain: 'Aur mâl, adolwg!',
Un digywilydd, anfad sy'n ?tyngu gan boen ?â choesau ceimion;
Cwdyn grawn [llawn] us myngus, mwngial ci cwta,
36   Yn diota dan rochian a rhechu'n ddi-baid;
?Crugyn [o ddyn] uchel ei gloch, [a'i] bidyn fel offal carw,
[Un] llwyd ei ruddiau a chanddo din ddrewllyd a chala fain
     front;
Cwd cig coluddion ?sy'n faich o boen, llwyth [llawn] grwgnach,

40   Creadur bustlog, sur ei din, mor salw â llau;
        Marsial dewiniaid a chawg ei dor llengig yn frwnt,
        Rhuddion eisin budron, rhech [fel] catapwlt;
        Elain taer ei geilliau, maer Marchwial a chwydd [ei din] yn
            rhechlyd,
44   Gŵydd feichiog chwithig ei law, nid llew ffyrnig;
        Prif fonsach tinau'r ?dalaith ag ôl cachu arni,
        Y mae'n gymwys iddo roi heibio medd o gorn yfed;
        Taeog sy'n cydio yng nghyrion [dillad], cystal â Pheilat,
48   Carn bechadur styfnig, lleyg anwadal.
        Nid â olew da o dan ei dalcen rhag llaw,
        [Un sy'n] aml yn ymofyn caws Dôl Gynwal.
        Lles i'w enaid tlawd, [un] budr, pothellog ei arffed,
52   Na foed i'w grachen gael ei harbed, ni thâl hi ddim i Grist.

Dychan i Fleddyn

Gwae a glyw Bleddyn, gwaeddfawr lostruddyn,
    Gwelyddyn erfyn, arfod cancell;
Gwaelfab y gwllog, gwilers hen alsbrog,
4   Gwlf hog, gwdengrog dingrach efell;
Gwyddel tinflewog, gwiddon losgyrniog,
    Gwaddawl cawl coliog, cneciog gnocell;
Gŵydd ar neithiorau, gwaddod wirodau,
8   Gwedd ïau refrau, ryfras isgell;
Gweddwaidd lwnc aingnier, gweddill almwner,
    Gwiber a gymer gwêr heb gymell;
Gŵydd afr baw efrwig, gwyddiad wrth selsig,
12   Gwddf hir ysgyrnig, esgyg asgell;
Golygordd cachdai, gwelygach cicai,
    Gwyw lugorn ysgai, esgyrn sadell;
Gwestai chwai chwydlyd, gwaster ireidlyd,
16   Gwas ni ddyd ei fryd ar frwydr castell;
Gwaelod bonrosiwr, gwaliau anghyflwr,
    Gwyliwr, som bydiwr, saim o badell;
Gwarag ysbringal, gwar car, cwr prenial,
20   Gwamal bwyd gawal, budr ei gawell;
Gwyrgul ffistolwyn, gorgefn anaddfwyn,
    Geirgwyn ys difwyn mywn ystafell;
Gwaryydd rhechiog gwerin flonegog,
24   Gwerog moel horog, nid mal Hiriell;
Gwaradwydd gytgam, gwrab merch danfflam,
    Gwarag crogfam lam lom husting-gell;
Gwersyll briw fara, gwers ters, tors rhefra,
28   Gorseddfa tripa, trwp a chyllell;
Gogulaf lindag, gwegilfan faddag,
    Gwag nâg coeg fantag, cigog fantell;
Gwan ungorf coesraul, gwŷn angerdd gigdraul,
32   Gwenwyngaul cythraul, cwthr ysgrafell;
Gwrthfun gasgl offrwm, gwarthau baw gicwm,
    Gorthfolglwm cidwm, nid mal Cadell;
Gwarth gafas nid cadr, gwahanaint sain ladr,
36   Gwar ffradr mul anghadr, myn Melangell;
Gogan ymadrawdd, goglais mehindawdd,
    Goglawdd a dynnawdd gig o dunnell;

Gwir haeddu crocbren, gwaradwydd garnben,
40   Gwydn letben, perchen gwaedog porchell;
Gwir gasglodd, medd Môn, gwerth march ac eidion,
      Garw sôn, o rynion, myn Ariannell.
Gwlad Faelor a draidd, glud grwydrad had haidd,
44   Glwth dra gwladaidd flaidd, floedd anghysbell;
Gochrymedd garan, gochwerw ymddiddan,
      Gochwiban gerran, garrau iyrchell.

Neddog anghenog, myn Anghenell—Hael,
48   A heliodd gan mhacrell;
      Nod rhod rhwd weren dröell,
      Neidr wyddfid cyllid pob cell.

Naid twrstan, cryman crimog crafnell—flwydd,
52   A rydd floedd uchelbell;
      Ni bydd, nid bodd, tra Chyrchell,
      Ni bu ond Suwddas was well.

Ffynonellau
A—BL Add 15001B, 233ᵛ B—J 111, 1339 C—LlGC 4973B, 334ᵛ D—
LlGC 21287B [= Iolo Aneurin Williams 1], 91ᵛ E—Llst 147, 243 (*o'r cefn*)
F—Pen 118, 238

Seiliwyd y golygiad ar destun llawysgrif B, yr hynaf. Codwyd y gerdd i'r
holl lawysgrifau eraill un ai'n uniongyrchol neu'n anuniongyrchol ohoni.
(Ymhellach ar y llawysgrifau, gw. isod tt. 151–2.)

Darlleniadau'r llawysgrif
4 gólif hoc [ ]ödengroc. 11 everwic. 13 gelygach. 15 gwarsdur eireitlyt. 26
ystinkell. 33 Górthmungasgyl; górtheu. 36 mel aghell. 47 yghenaöc;
aghynell. 52 aryd lef. 54 ny bu on.

Dychan i Fleddyn

Gwae'r neb a glyw Fleddyn, slingyn tal uchel ei gri,
[Un sy'n] ymbil am waddod a'i gyrch ar gant o gelloedd;
Mab gwael yr un foliog, [â] thin caseg [a] hen wddw llwytgoch,
4   Gylfin fel bilwg, efaill i'r tingrach fu'n crogi wrth raff;
Gwyddel tinflewog, gwrach gynffonnog,
Gweddillion cawl colynnog, trawiad cneciog;
Gŵydd mewn neithiorau, gwirodydd gwaddodion,
8   Rhefrau fel gïau, cawl llawn braster;
Llwnc amddifad, ?chwantus, yr hyn sy'n weddill mewn pwrs,
Gwiber a gymer fraster heb i neb ei gynnig;
Gafr wyllt gwig efrau fudr, pen gŵydd wrth selsig,
12   Gwddw hir esgyrnog, asgell yn crynu;
Gwarchodwr cachdai, cardotwr cig sy'n baeddu ei wely,
Llusern bŵl ddiwerth, a'i esgyrn [fel hen] gyfrwy;
Cardotyn chwyrn, chwydlyd, gweddillion seimllyd,
16   Llanc na rydd ei fryd ar frwydr castell;
Gwaelod ?tin..., gwelyau gwael,
Gwyliwr (ymosodwr twyllodrus) saim o badell;
Cambren catapwlt, ochr cerbyd, ymyl arch,
20   Un gwamal ?sy'n crefu am fwyd, un budr ei fasged;
Pedrain gam, denau, cefn crawnllyd annymunol,
Anhyfryd yw ei eiriau cwynfannus mewn ystafell;
Croesan rhechlyd i giwed flonegog,
24   Dyn bras, moel a bawlyd, nid fel Hiriell;
Cellwair gwaradwyddus, epa merch danfflam,
Cambren [o ddyn] a'i fam ynghrog, a'i ?gell llawn athrod yn
        llwm ei ffawd;
Gwersyll bara briwsionllyd ?[na fu'n] lân [ond am] ysbaid, [â]
        thors ?o flew tin,
28   Preswylfod treip, ystên a chyllell;
Gwddw main iawn, cwlwm yn creithio'i wegil,
Gwag yw gwadiad yr un diddanedd, salw, ciglyd ei fantell;
Corff gwan ...goes yn ysu cig ag angerdd chwantus,
32   Ceuled gwenwynig y cythraul, tin ysgrafell;
Pentwr gwrthun o offrymau, gwarthau tin gigog fawlyd,
Bogail blaidd, nid fel Cadell;
Gwarth a gafodd nad hardd mohono, [sef] gwahanglwyf
        lladronllyd ei sŵn,
36   Gwegil brawd crwydrad ffôl a hagr, myn Melangell;
Ymadrodd goganus, palfod [am] doddion cig,
Ergyd a dynnodd gig o gasgen;

[Un sy'n] gwir haeddu crocbren, [â] phen caled [llawn]
    gwaradwydd,
40   [Un] gwydn [ei] fochgern ac iddo goluddyn porchell;
Gwir iddo gasglu, medd Môn, werth march ac eidion
(Sôn garw) o rawn, myn Ariannell.
Teithia drwy wlad Maelor, crwydryn dyfal [ar drywydd] hadau
    haidd,
44   Blaidd glwth taeogaidd iawn, diarffordd ei floedd;
Un crwm fel crëyr, blin ei sgwrs,
Chwibaniad corrach, coesau iyrches.

Cardotyn llawn nedd, myn Anghenell Hael,
48   A heliodd gan macrell;
Nod [ei] gylchdaith [yw] telpyn crwn o wêr budr,
Neidr goed [drwy] drysor pob cell.

[Un] trwstan [ei] ffawd, cryman [o ddyn â] chrimog ?crafnell
    flwydd,
52   A rydd floedd uchelbell;
Ni fydd (nid [testun] boddhad [mohono]) y tu hwnt i Afon
    Cyrchell,
Ni fu ond Jiwdas was gwell.

9
Dychan i Ieuan

Ffrom yw Ieuan fân finllyth,
Ffroenau mab gafr, hafr hyfwth,
Ffroga gwylltbla, nid gwalltbleth,
4   Ffriw arth gasgl, moelrhasgl milrhith.

Milrhith brith, ffwyr ddygnith ffordd,
Moelrhawn heb wirddawn, heb wyrdd,
Min tresglfwch, dufwch difardd,
8   Mân odlau, enau anurdd.

Brad iad iwdbren, pen pannordd,
Broch moelgloch, meilglog oenwrdd,
Brwysgnawd o'th dlawd wawd wahardd,
12   Bri cynhingi cynhengerdd.

Cerdd wrthod herlod hwyrles,
Cardd erthwch fwch trwch trachas,
Certh gernawd, oernawd ernis,
16   Carth gornwyd ebrllwyd wybrllys.

Cyllestrgarn, crychwarn crachwas,
Colledig friger, mêr mws,
Cellweirdraul hengaul hungos,
20   Caill ddiflew, cylla rhew rhus.

Pen Ieuan nid glân, glin pres,
Pannordd ffordd, ffeirddyn cablus,
Pwd croen difrwd crawn dyfrys,
24   Piw paeledliw, pêl lwydlas.

Glasblwm bwmel, pêl palwr,
Gloesbla i gloria o Glâr,
Min tad myn, maen claerwyn clêr,
28   Mil cerddgoeg, meilsoeg moelsur.

Gwân y cân, cwyn mab delor,
Gwae ef, crog lef cryglafar,
Gwad rad reudus rhus rhasglfer,
32   Gwawd du ystawd diystyr.

Swydd ewingwydd, awengar
Y sydd i'r efrydd afrwr,
Dwyn cwd afwyn Cedifor,
36   Dwp-dap, a'i glap a'i naper.

Llwm yw gwartha, hirbla hur,
Lletben Ieuan fân, finir,
Lleidiog glafrgonog glafwr
40   Llwyd, llun cornwyd llawn carnor.

Gorog trosglog tresgl gynnif,
Garw ffroenarw, gafrdarw geifrdyf,
Gŵr hyfefl ei wefl yw ef,
44   Gorun, clun, clust a ffustaf.

Clefychwyd iadlwyd iwdlif,
Clafdrwch fin bwch, ddaerhwch ddof,
O dymestl diddestl brestl bryf,
48   O dwym graffrwym Griffri glaf.

Cyngor Cedifor ci dwf
A wna, er trofa pob tref,
Â rhoddion cleifion y Clif
52   Y rhed Ieuan rhydieuaf.

Cryd crwydrgler, ddwbler ddibluf,
Cranc crynryw, croglyw cryglef,
Crin croendew, collflew, cwllflif,
56   Crach crychgnap, hoelgnap hulgnaf.

Colledig fydd, caill crydd cryf,
Cylla iadbla, gnofa gnuf,
Estrawn dawn, dyn anghynnif,
60   Astrus anafus o nef.

Nef ni'th fydd, dwyll feddydd dall,
Neb ni'th gâr, byddar bawddull,
Brych wegil surfil serfyll,
64   Brech secr, braint gecr, brwnt gwcwll.

Dir yt gynnen, pellen pill,
Direidi gwylltgi gwalltgoll,
Dyrnod cilhoel, darn foel fall,
68   Dwrn moel asgwrn mail isgell.

Min tarandin toryndwll,
Myn fwch llwyd ceisfwyd, coesfoll,
Mab gormes glafres glwyfrull,
72   Mam ddiffydd borwydd bawrwyll.

Enyngroen haint, boen hynt bell,
Aniangrawn annawn ennill,
Unig y'th wnair, gair gorwall,
76   Pan fo'r heifr a'r geifr ar goll.

Yw dy genedl gwn ennill,
A mawrfur heb ymarfoll,
Hydarf hegar haid angall,
80   Hyfagl, hygagl hogl draffull.

Y mae i'th iad, nid gwad, gwall,
Ieuan ysgal, dân esgyll,
Bagwy crin un rin an-rull
84   Bugail byth, bogel bothell.

Bothell gnocell, gnwc mynych,
Blawr angawr, gafrawr gyfrwch,
Wythfrawd tlawd, laeswawd leiswich,
88   Ei boethffrec nyth, gnec noeth gnuch.

Etifedd Dannedd-dunych
Yw Ieuan fân, fin sawrfroch,
Clerwriaidd fab ab ebwch,
92   Clarod o'i chod a'i chadach.

A'i chodau a'i rhau a'i rhech,
A'i chadwyn a'i mangrwyn moch,
A'i choedgnap a'i chlap a'i chlych,
96   A'i chawdel a'i sêl a'i sach.

A'i philion rhychion a'i rhuch,
A'i ffylor a'i gôr garwlych,
A'i ffolen seigfren soegfrech,
100   A'i phâl a'i chachwal a'i chwch.

Gengraf, claf anaf anach,
Gingroen poen poeth, breichnoeth, brych,
Dinistrwr, nid fflŵr ei ffluch,
104   Dawn estrawn yw'r dyn oestrwch.

Gwiril wegil, pil pylfrych,
Gwêr arfer oerfall benguch,
Gwern ddiern letgern lwytgoch,
108   Gwarn carn cornwydwasg basgwch.

Milain, truthain treth fonoch,
Molog moel ddosog ddisech,
Mae gwedd mywn buchedd min bwch?
112   Mor ddifraint grych naint ei grach.

Ffynonellau
A—BL Add 15001, 238^r B—J 111, 1346 C—LlGC 4973B, 340^v D—LlGC 21287B [= Iolo Aneurin Williams 1], 101^v E—Llst 147, 252 (*o'r cefn*) F—Pen 118, 244

Seiliwyd y golygiad ar destun llawysgrif B, yr hynaf. Codwyd y gerdd i'r holl lawysgrifau eraill un ai'n uniongyrchol neu'n anuniongyrchol ohoni. (Ymhellach ar y llawysgrifau, gw. isod tt. 151–2.)

Darlleniadau'r llawysgrif
12 vri. 17 crychwan. 18 vruger. 29 Gwann. 76 pan uo yr. 86 gayfra6r. 87 6ytha6tha6t *a ll. drwy* ha6t. 97 rech. 106 benng6ch.

Dychan i Ieuan

Ffromllyd yw Ieuan ddistadl â'r geg salw,
Ffroenau myn gafr, bwch sydyn,
Llyffant pla gwyllt, nid plethedig ei wallt,
4   Wyneb arth grawnllyd, llyfnfoel [yw'r] ffoetws.

Ffoetws brith, arswydus ei gythru [mewn] heol,
Morlo heb wir rodd, heb wisgoedd gwyrddion,
Ceg bwch gafr crachlyd, bwch du diawen,
8   Gwael ei gerddi, diurddas ei enau.

Ffon uwd o ben dichellgar, pen gordd bannu,
Twrw cloch foel, oen hwrdd â chlogyn treuliedig,
Gwyllt dy natur yn sgil gwahardd dy ganu tlawd,
12   [Ac iti] barch ci brathog, cynhennus dy gerdd.

Cnaf di-fudd y gwrthodir ei gerdd,
Bwch anfad, hollol wrthun sy'n griddfan mewn gwarth,
Bonclust gref [a gaiff], ernes arw,
16   Cornwyd aflan sy'n diferu'n llwyd [wrth] grwydro'r llysoedd.

[Un a chanddo] garnau callestr a bacsau crych [yw'r] llanc
    crachlyd,
Colledig ei wallt, pwdr ei fêr,
[Un sy'n] treulio hen gyweirdeb dan wawdio, ac yn cosi'r nos,
20   Â cheilliau di-flew a chylla rhewllyd, cythryblus.

Nid glân yw pen Ieuan â'r glin pres,
Gordd bannu'r heolydd, dyn ffair cablus,
[Â] braenedd [ar ei] groen marw [y mae] crawn [yn] sydyn [i
    darddu ohono],
24   Pwrs o liw helmed, pêl lwydlas.

Bwlyn cleddyf o blwm llwyd, pêl palwr,
Pla arteithiol i din o Glâr,
Ceg tad myn gafr, maen claerwyn y glêr,
28   Creadur ofer ei gerdd, gwaddod cwpan [o ddyn] moel a sur.

O'r neilltu y cân, cwyn cyw cnocell y coed,
Gwae ef, [â'r] grawc gryg, groch,
Cardotyn ofnus, meddal ei fêr y gwedir iddo roddion,
32   Canu dirmygus, tywyll ei gyfansoddiad.

Swydd athrylithgar a bair i'r ewinedd syrthio ymaith
Sydd i'r bwch gafr anafus,
[Sef] dwyn cwd llinyn ffrwyn Cedifor,
36   Dwp-dap, a'i glaper a'i liain.

Llwm yw gwarthaf (gwallt hir ei haint)
Bochgern Ieuan ddistadl â'r geg hir,
Dyn gwahanglwyfus llwyd a seimllyd â choesau clafrllyd,
40   Tebyg i gornwyd llawn madredd.

Un crawnllyd, trwsgl, a'i gramennau'n peri trafferth iddo,
Carw garw ei ffroenau, bwch gafr gafraidd yr olwg,
Gŵr melltithgar ei wefl yw ef,
44   [A chanddo] gorun, clun [a] chlust a bwniaf.

Clafychwyd [yr un â'r] corun llwyd [o liw] uwd yn llifo
(Min bwch heintus, hwch ddaear ddof)
Gan bla creadur blêr, baldorddus,
48   Gan goflaid gref a heintus Griffri glaf.

Gorchymyn Cedifor debyg i gi
A gyflawna, er gwyrdroad pob tref,
Â rhoddion cleifion y Clif
52   Y rhed Ieuan ar draws rhydiau haf.

[Un ac arno] gryndod y glêr grwydrol, cawg [o ddyn] di-blu,
Cranc crynedig, crogyn cryg ei lef,
[Un] crebachlyd, croendew sy'n moeli, a'i fol fel blif,
56   Un crachlyd, crych ei gnap, cnaf hurt clopa-hoelen.

Colledig fydd (caill crydd cryf,
[A'i] gylla [a'i] ben yn heintus, [ac â] chnofa [yn ei] gnu,
Un y mae rhodd yn ddiarth iddo, dyn diog)
60   Y dyn anafus, ystrywgar o'r nef.

Ni fydd nef i ti, y meddwyn twyllodrus, dall,
Nid oes neb yn dy garu, y dyn byddar salw,
Creadur sur, anwadal, brith ei wegil,
64   A'i wisg sgwarog yn frychlyd, yn cecru am freintiau'n frwnt ei
        benwisg.

Rhaid iti wrth gynnen, y talp o foncyff,
Anfadrwydd ci gwyllt sy'n colli ei flew,

Dyrnod hoelen yn y cefn, telpyn moel, llygredig [o ddyn],
68　Dwrn [fel] asgwrn moel [mewn] powlen gawl.

[Un â] cheg [fel] tin daranllyd a thyllau yn ei fantell,
Myn gafr llwyd coesgam sy'n ymbil am fwyd,
Mab i wraig glafrllyd ormesol, barod i glwyfo,
72　Mam ddigrefydd sy'n pori'n wyllt ar frigau.

[Un â] chroen llidiog heintus, poen [ar] daith bell,
[Un] crawnllyd y daw aflwydd i'w ran,
Yn unig y'th wneir (gair [llawn] dirmyg)
76　Pan fo'r hyfrod a'r geifr ar goll.

Gwn [y gallaf] feddiannu coed yw dy dylwyth,
A mur mawr heb ymgynghreirio,
Haid ffôl sy'n codi ofn ar rai hawddgar,
80　Lloches flêr lawn ffrwst, brycheulyd a chaglog.

Heb os, y mae nam ar dy ben,
Ieuan â'r gala ysig a thân yn dy ystlysau,
Sypyn crin o'r un anian grintachlyd
84　Â bugail tra byddi, bothell bogail.

Trawiad pothell, cnoc fynych,
Cybydd llwyd, cynulliad llu swnllyd o eifr,
Wyth brawd tlawd, masweddus eu cân, gwichlyd eu llais,
88　Ei nyth poeth, baldorddus, [lle y ceir] cnychu noethlymun,
　　cneciog.

Etifedd Dannedd-nychddu
Yw Ieuan ddistadl, a'i geg yn drewi fel broch,
Mab clerwraidd i epa tuchanllyd
92　[Y daw] bryntni o'i chod a'i chadach.

A'i chodau a'i thipyn golud a'i rhech,
A'i chadwyn a'i chrwyn moch brychlyd,
A'i chnepyn pren a'i chlaper a'i chlychau,
96　A'i grual a'i sêl a'i sach.

A'i philion eisin a'i chlogyn garw,
A'i llwch a'i chrawn sy'n gwlychu ei choes,
A'i ffolen ?bwdr ei seigiau, frith gan soeg,
100　A'i rhaw a'i gwely cachlyd a'i chwch.

Dihiryn sy'n crafu ei ên, claf gwrthodedig difonedd,
Tanbaid ei boen, noeth ei freichiau, a brychlyd,
Ysbeiliwr, nid dewisbeth mo'i fwng,
104   Diarth i rodd yw'r dyn ysgeler ei fywyd.

Gwegil pryfedlyd [a'i] groen yn frych a phŵl,
Penwisg anfad sy'n gynefin â braster,
Boch lwytgoch [fel] cors ?anwadal,
108   Blewiach carn hwch dew sy'n gwasgu cornwydydd [ar ei thaith].

Taeog, gwenieithwr ?[a gaiff] rech yn dâl,
[Un] crawnllyd ei lygaid a'i ben moel yn wlyb diferol,
Ym mhle y mae'r gweddeidd-dra ym muchedd min bwch?
112   Mor ddi-barch yw ffrydiau byrlymus ei grachod.

Llysenw Einion

Llysenw hwn a wn o annawn—lladd merch
  Y march glaswelw crychrawn,
  Dogy llaes benfrag, llindag llawn,
4   Dug y llysenw enw Einiawn.

A'i dug odduwch grug, grogwr tlawd,—llaes oedd,
  Llysenw Einiawn anffawd,
  Merch nai i'r march llai llyfngnawd,
8   O nith i farch brith, ferch brawd.

Tynnwyd, anrheithiwyd, yn rhith—coel olwg,
  Caul elain ddisgyfrith,
  Llysenw Einiawn llawn llefrith
12   O gnawd merch brawd i'r march brith.

Llysenw Einiawn, moelrhawn mws,
Llawn coly mywn boly eboles,
Caul haf merch glaf i'r march glas
16   O'r hen wilffrai lai lwygus.

A canys di, Einiawn, cano—un bach,
  A gelwid Caul y Pulo,
Ef a hwmrws: 'Tprwo, hio hao!'
20   Ac a blygwys ei llost yn ceiso gwneuthur llo.

Ffynonellau
A—BL Add 15001, 239^v B—J 111, 1348 C—LlGC 4973B, 342^v D—LlGC
21287B [= Iolo Aneurin Williams 1], 105^r E—Llst 147, 255^r (*o'r cefn*) F—
Pen 118, 245

Seiliwyd y golygiad ar destun llawysgrif B, yr hynaf. Codwyd y gerdd i'r
holl lawysgrifau eraill un ai'n uniongyrchol neu'n anuniongyrchol ohoni.
(Ymhellach ar y llawysgrifau, gw. isod tt. 151–2.)

Darlleniadau'r llawysgrif
9 Tynnᵥyt. 20 aplygᵥys.

Llysenw Einion

Gwn lysenw hwn oherwydd anffawd lladd merch
Y march glaswelw, crych ei rawn,
Costog llaes ei bendro, a'i wddw'n llawn,
4   Dygodd y llysenw enw Einion.

Fe'i dygodd uwchben grug, grogyn tlawd, trist ydoedd,
Llysenw Einion anffawd,
Merch nai i'r march llwyd llyfngnawd
8   O nith i farch brith, ferch ei frawd.

Tynnwyd, anrheithiwyd, yn rhith golwg [llawn] sicrwydd,
Gywair llaeth yr ewig anhywaith,
Llysenw Einion llawn llefrith
12   O gnawd merch brawd i'r march brith.

Llysenw Einion, morlo drewllyd,
Llawn colion [ceirch] mewn bol eboles,
Cywair haf merch glaf i'r march glas,
16   O'r hen gaseg lwyd ystyfnig.

Ac o'th herwydd di, Einion, ?wele eni un bach,
A galwyd ef Caul y Pulo,
Galwodd yn isel: 'Tprwo, hio hao!'
20   A phlygodd ei chynffon yn ceisio gwneud llo.

11
Dychan i Lywelyn

Lywelyn, felyn filwr, cyfod—parch,
　　Lliw morfarch, llym arfod,
　　Llaw hwyliaw hoywlith gyfnod,
4　　Llwdn agos hyd nos, hoed nod.

Nid lleidr ef mywn tref trafod,—ein athro
　　Ni eithr hyn o ddannod,
　　Dawn ei bobl dwyn heb wybod
8　　Gwerth llyn ar draws glyn dros glod.

Rhydyn Lywelyn ar lewych—y lloer
　　A gyrch llawr Meddyfnych,
　　Rhwth eryr, drafn ongyr drych
12　　Rhag rhydd fanag rhodd fynych.

Ai gwir i'r gŵr hir herw, gywrych—brofle,
　　O briflwyth Merfyn Frych,
　　Cymod clod, cleddyf gwaedwlych,
16　　Camel dawn uchel, dwyn ych?

Ffynonellau
A—BL Add 15001, 239^v B—J 111, 1348 C—LlGC 4973B, 343^r D—LlGC 21287B [= Iolo Aneurin Williams 1], 105^v E—Llst 147, 255 (*o'r cefn*) F—Pen 118, 246

Seiliwyd y golygiad ar destun llawysgrif B, yr hynaf. Codwyd y gerdd i'r holl lawysgrifau eraill un ai'n uniongyrchol neu'n anuniongyrchol ohoni. (Ymhellach ar y llawysgrifau, gw. isod tt. 151–2.)

Darlleniadau'r llawysgrif
8 tros.

Dychan i Lywelyn

Llywelyn, filwr melyn, cyfog parch,
O liw morfil, llym ei ergyd,
[Un a'i] law yn cyrchu mangre y trefnwyd ynddi ymborth
    gwych,
4   Llwdwn agos ar hyd y nos, a'i fryd ar ddigofaint.

Nid lleidr yw ef mewn tref [lawn] ymladd, ein hathro
Nid yw'n gwadu hyn o ddannod,
Dawn ei bobl yw dwyn heb yn wybod i neb
8   Werth llyn ar draws glyn yn gyfnewid am glod.

Llywelyn sarrug yng ngolau'r lleuad
Sy'n cyrchu llawr Meddyfnych,
Eryr gwancus, arweinydd clwyfus ei wayw
12   Oherwydd newydd haelfrydig [fod] rhodd fynych [i'w chael].

Ai gwir yw i'r gŵr [sydd ar] herw hir, lys barn [llawn] cynnwrf,
O briflwyth Merfyn Frych,
Cymod clod, cleddyf gwlyb gan waed,
16   Camel balch ei anian, ddwyn ych?

Nodiadau

7

Y mae'n amlwg mai dwyrain Gwynedd a gogledd Powys oedd cynefin gwrthrych yr awdl hon. Cysylltir ei achau yn benodol ag ardal Dinbych, ac enwir hefyd Faelor, Iâl, Rhyd Wrial ger Rhuthun, Marchwiail, a Dôl Gynwal, sef ardal Ysbyty Ifan yn sir Ddinbych. Os bu'n cawsa yn Nôl Gynwal, bu hefyd a'i fryd ar seigiau Biwmares ym Môn, ac y mae'n bosibl mai clerwr crwydrol yw cyff gwawd y bardd.[1] Yr unig awgrym i'r perwyl hwnnw yw'r ymadrodd *clêr betryal* (ll. 16), ac os bardd ydoedd, nid ansawdd ei ganu a ddychenir yn y gerdd hon. Fe'i darlunnir yn bennaf fel cardotyn taer, dolefus, y pla mwyaf ar y ddynoliaeth ers i Efa flysio'r afal yn Eden. Yn ogystal â dychanu ei bryd a'i wedd, dilornir ei natur daeogaidd, anfonheddig, fel sy'n gyffredin yn holl ganu dychan y cyfnod hwn. Ni wedda dillad drudfawr iddo, dim ond carpiau, ac nid yw'n deilwng ychwaith o yfed medd y bonedd—*Ef biau maddau medd o fual* (ll. 46).[2] Hyd yn oed yn nrws angau, ni weinyddir iddo Sagrafen yr Olew Olaf. Negyddir delfrydau stoc y canu mawl i gyfleu salwder a llyfrdra'r Einion hwn. *Nid llew dywal* mohono (ll. 44), *Nid gŵr pâr-sefyll mal Pyrsyfal* (ll. 26), ac *nid mal—Merfyniawn* mohono ychwaith (ll. 5), sef gwŷr Gwynedd, awgrym, efallai, mai un o Wynedd, o Fôn, o bosibl, oedd y bardd ei hun. Defnyddir yr un dechneg negyddu yn union yn y gerdd nesaf, sy'n tueddu i gefnogi'r dybiaeth mai'r un bardd a'i cyfansoddodd.

Y mae mydryddiaeth yr awdl yn anghyffredin, gan ei bod wedi ei llunio'n llwyr ar fesur toddaid. Ymddengys mai un o'r rhai cyntaf i linynnu toddeidiau heb eu cyfuno â chyhydedd nawban neu gyhydedd hir, fel y gwneid yng nghyfnod y Tywysogion, oedd Gwilym Ddu o Arfon yn y ddwy awdl a ganodd i Syr Gruffudd Llwyd rhwng 1316 ac 1318, er nad y toddaid yw unig fesur y cerddi hynny.[3] Y mae'r awdl wedi ei chynganeddu'n gywrain ar y cyfan, er bod ynddi amryw o gynganeddion pengoll. Fel y disgwylid, cynghanedd sain a geir amlaf, ond ceir cynghanedd groes gain yn llinellau 10, 20, 36 a 52. Lle nad oes cymeriad llythrennol neu gynganeddol

---

[1] Ni wyddys am yr un bardd o'r enw Einion o'r 14g. a chanddo gysylltiad â'r mannau a enwir yn yr awdl. Dychenir rhyw Einion yng ngherdd 10.

[2] Nodir enghreifftiau eraill o'r motiffau hyn yn DGIA 60–1.

[3] GGDT cerddi 6–7. Am enghraifft arall o awdl ar fesur toddaid yn unig, gw. 'Cwyn yn erbyn Esgob Bangor' gan Iorwerth Beli, *ib.* cerdd 15, a luniwyd, mae'n debyg, yn chwarter cyntaf y 14g. Gw. hefyd J. Morris-Jones: CD 339.

ceir cymeriad synhwyrol fel rheol i glymu'r llinellau ynghyd, yn enwedig yn nechrau'r awdl.

2   **blys Efa rhag blas afal** Adlais, efallai, o'r myfyrdod ar Lyfr Genesis yn un o awdlau Cynddelw i Dduw, GCBM ii, 16.98–9 *O gatwent pressent y bryssya—dial / Blas aual, blys Eua.* Cf. R 1216.26 *eua vlyssyon* (Gruffudd ap Maredudd).

4   **lledrwn** Cyfuniad o *lledr* + *gŵn*. *eil edrónn* a geir yn llsgr. B, ac fe'i rhoddir yn unig enghraifft yn G 440 d.g. *edrwnn* heb gynnig ystyr; ni restrir *edrwn* yn GPC. Nid oes e.p. *Edrwn*, hyd y gwyddys.

   llodraid gagal Cf. GDG³ 124 (46.13) *Llodraid o garth mewn llwydrew* ('Serch fel Ysgyfarnog').

5   **llawr Maelawr** Ar gymydau Maelor Gymraeg a Maelor Saesneg ym Mhowys, gw. WATU 148. Cf. isod 8.43 *Gwlad Faelor.*

   Merfyniawn 'Disgynyddion neu hil Merfyn', sef Merfyn Frych, sylfaenydd ail linach frenhinol Gwynedd, cf. uchod 1.13n. Yng nghanu Beirdd y Tywysogion golyga 'gwŷr Gwynedd' neu 'gwlad Gwynedd', gw. GBF 48.11n, 49.18, 53.22 (Bleddyn Fardd), a GMB 7.102n (Gwalchmai ap Meilyr). Ar y terfyniad *-iawn* 'disgynyddion, pobl', gw. M. Richards, 'Early Welsh territorial suffixes', *Journal of the Royal Society of the Antiquaries of Ireland*, xcv (1965), 205–12.

6   **crwynial** Y mae rhai o'r geiriau sy'n cynnal y brifodl yn anodd eu dehongli, gan yr ymddengys i'r bardd fathu ffurfiau cyfansawdd anghyffredin er mwyn cynnal yr odl anodd *-al* dros 52 o lau. Gall mai *gâl* yw'r ail elfen yn rhai o'r ffurfiau hyn, a ddiffinnir yn GPC 1372–3 fel a ganlyn: '*gâl*¹ [< Brth. **gal-* (a welir yn gfns. yn *anial, ynial, arial, dial, galanas,* &c.), H.Wydd. *gal* 'dewrder; ffyrnigrwydd, angerdd, cas', Γαλάται 'trigolion talaith Galatia', o'r gwr. IE. **gal-* neu **ghal-* 'gallu, angerdd, grym'] *eg. ll. galon.* 1. Gelyn, gwrthwynebwr … 2. Gelyniaeth, cas; angerdd, llid; glewder, ehofndra … Gw. hefyd *arial, carnial, cynial, danial, eirinial, gwrial, tonial*'; '*gâl*² [yr un elf., fe ddichon, ag yn *galar* o'r gwr. IE. **ghal-, *ghal-ar-* 'niwed, drwg; methu', cf. S. *gall*] *eg.* (yn unig yn yr ymad. *gâl pen*) Cur, poen.' Ni restrir y ffurf *crwynial* yn GPC. Yn G 181 d.g *?crwynyal* meddir: 'Gellir cyfuniad cyfansawdd gyda grym ans. i *grawn* (: *crawn*), a *grwynyal* yn ffurf dreigledig o air a ellid ei gydio wrth *crwyn* : *croen*. Ond gellir hefyd enw o *grawn* (: *crawn* eto), a *grwynyal* yn ans. yn ei ffurf gysefin.' Awgryma'r cyd-destun—ac yn enwedig *Groenen eisindwrch* (ll. 10)—mai *crwyn* yw'r elfen gyntaf. Mentrus fyddai cynnig ystyr debyg i 'crwyn atgas' ar bwys y diffiniad uchod o *gâl*¹. Tybed nad yw *ial* yma, beth bynnag fo'i darddiad, yn cyflawni swyddogaeth debyg i'r terfyniad bachigol *-ach* ? Cf. R 1274.28 *górach groenach grin* (Madog Dwygraig); ceir enghreifftiau o *crwynach*

a *crwyniach* o'r 15g. ymlaen, GPC 618. Yn ôl J. Lloyd-Jones, gall yr elfen *gal* weithiau ddynodi e. torfol, gw. ei ymdriniaeth fanwl 'The Compounds of *Gal*', yn *Féilscríbhinn Torna*, ed. Séamus Pender (Chorcaí, 1947), 83–9, yn enwedig 86–7.

7 **gweddai**   Yn yr ystyr 'haeddu, teilyngu', yn wahanol i'r ystyr fwy cyfarwydd 'bod yn gymwys neu'n weddus' a welir yn ll. 9; gw. GPC 1609–10.

cicsai   Ni restrir y ffurf yn GPC. Fe'i cofnodir yn G 139 heb gynnig ystyr, ond gan awgrymu diwygio *coc(y)s ciciai* BDG 454 (CCXXX.51) yn *c. cicsai* (*cicai* a geir yng ngolygiad Thomas Parry o'r gerdd, GDG³ 61 (21.47) ('Dychan i Rys Meigen')). Gellir cynnig yn betrus mai cywasgiad sydd yma o *cig ysai* 'yswr cig'—*cig* + *ys* (bôn y f. *ysu*) + terfyniad gweithredydd *-ai* (cf. *blotai, llatai,* &c.).

cocsal   Unig enghraifft eto. Yn ôl G 154, naill ai cyfansawdd o *coc* 'gwialen gŵr' a *sâl*, neu ffurfiad o *coc(y)s* 'cocos' (gw. EEW 98). Ymddengys yr awgrym cyntaf yn fwy tebygol. Am enghraifft bosibl arall o *coc* yn yr ystyr hon, gw. GIG 370 (XXXVII.17n).

8 **pisned**   Ymddengys fod y testun yn llwgr yma (ychwanegwyd *n* rhwng y ddwy *s* a'r *e* yn llsgr. B). Math o ddilledyn a olygir, mae'n debyg, a chan y disgwylid cyflythreniad â *bwysiwr* ai posibl *peised* (*pais* + terfyniad enwol *-ed*)?

pwysiwr   Cymerir mai ffurf ar *pwyswr* ydyw, ac iddi ystyr debyg i 'gwasgwr, gormeswr', er na roddir yr ystyr honno yn GPC 2956–7 d.g. *pwyswr, pwysydd*; rhestrir enghreifftiau o 1588 ymlaen.

gweinial   Ymddengys mai *g6eniral* neu *g6emral* yw darlleniad llsgr. B, ond fel y noda Lloyd-Jones ymddengys fod *e* a deuparth *m* wedi eu croesi allan, gan adael rhywbeth fel *gwiral*. Awgryma mai naturiol gyda *p6yssy6r* ac yn *messein* [*my.*] *wemral* (R 1339.23 = ll. 38 isod) fyddai ffurfiant o *gwein*, naill ai *gweinral* neu *gweinial*, gw. G 658 d.g. *?gwemral*. Gan mai anodd yw canfod ystyr i *gweinral* mentrir diwygio yma ac yn ll. 38 yn *gweinial*, gan ddeall *gwain* yn yr ystyr 'blaengroen, cas gwialen' (gw. GPC 1562 d.g. *gwain¹*) a *gâl* mewn ystyr debyg i 'angerdd, chwant', cf. ll. 6n uchod.

9 **newyddal**   Cymerir mai *newydd* + *dal* sydd yma, h.y. 'newydd [gael] ei ddal'. Cf., e.e., *bed newyd gladu; capel bychan newyd wneuthur* a ddyfynnir yn GPC 2577 d.g. *newydd*.

11 **Morllwch**   Fe'i dyfynnir ynghyd â GLlLl 1.71 yn GPC 2493 d.g. *morllwch, morlwch* 'ewyn y môr, anwedd', ond ansicr, meddir, yw'r enghreifftiau cynnar hyn. Gwell, efallai, ei ddeall yma yn e. lle, fel y gwneir yn GLlLl 1.71n: '*Cerryc Morll6ch* E. lle anhysbys a safle un o

frwydrau Dafydd [ab Owain] na wyddys ddim amdani.' Gw. hefyd I. Williams: ELl 60.

12 **eirinial** 'Chwant y cnawd' (*eirin* 'ceilliau' + *gâl*[1], cf. ll. 6n uchod) yn ôl GPC 1197, lle y rhoddir yr enghraifft hon yn unig. Anodd, fodd bynnag, yw cysoni hynny â'r a. *merllyd* 'llawn mêr, meraidd, seimlyd'. Ffigurol am 'geilliau' ydyw, yn ôl Lloyd-Jones, G 462 (cf. *id.*, *art.cit.* 87), ac er bod ansicrwydd ynghylch union ystyr yr ail elfen, ymddengys hynny'n fwy ystyrlon yn y cyd-destun.

13 **ceilliagwd** Unig enghraifft. Gw. GPC 452 d.g. *ceillgwd, ceilliagwd* lle yr awgrymir yn betrus mai *ceilliog* yw'r elfen gyntaf.

marsgal O'r S.C. *marshal, mar(e)scal*, gw. GPC 2362 d.g. *marsial*[1], *marsgal*. Cf. ll. 41 *farsgal—hudolion*.

cigyddion Cf. D d.g. *carnifex*: 'crogwr, dihenyddwr, arteithiwr, lleidd-iad, cigydd o ddyn'.

15 **dwfr elach** Llsgr. B *dwfrellach*. Cymerir mai 'dyfrllyd' yw ystyr *dwfr* yma, sef 'dihir, drygionus, diffaith', &c. Gw. GPC 1127 d.g. *dyfrllyd, dwrllyd*, a cf. GP 18 (llau. 20–1) *Tri pheth a beir kassau kerdawr: kebydyaeth, a dyfyrllytrwyd, a g, a goganu dynyon da.* 'Corrach, ewach, llipryn, adyn' yw ystyr *gelach*, GPC 1389 (a'r enghraifft gynharaf o'r 16–17g.).

16 **eryr** Delwedd annisgwyl yn y canu dychan (yn ôl GPC 1240 d.g *eryr*[2], ni ddigwydd *eryr* 'shingles, herpes' hyd yr 16g.). Mewn perthynas â *cleiriach* tybed nad henaint diarhebol yr aderyn a awgrymir, fel yn chwedl yr Anifeiliaid Hynaf a welir gyntaf yn 'Culhwch ac Olwen'? Cf. GLGC 446 (204.41) *Betwn hŷn no'r hen eryr*.

petryal 'Sgwâr, sgwâr tref', o *pedryfal*, mae'n debyg, GPC 2789. Gan y gall y gair hwnnw olygu 'pedwar ban (y byd)', *ib.* 2710—cf. CO[3] 6 (llau. 154–5) *dwyn dy vyneb di a wnaf hyt y bu dy glot ym pedryal byt bellaf*—gellid aralleirio *clêr betryal* '[?i'r] glêr o bedwar ban'.

18 **grawallt** Llsgr. B *graʕalt*. Cymerir bod *grawallt—gra* ('ffwr', o'r S.C. *gra* 'gray' fel e. yn golygu '*a gray fur*', GPC 1518) + *gwallt*—yn disgrifio myngau'r greoedd.

carnial 'Pystylad, sathr, sarniad' (*carn* + *gâl* 'angerdd', cf. ll. 6n uchod), GPC 430.

19 **gronianwr** Unig enghraifft, o *gronian*, amrywiad ar y f. *gronan* 'griddfan, tuchan, cwyno, grwgnach', gw. GPC 1534–5.

20 **piw** 'Cadair neu bwrs buwch, gafr, &c.', GPC 2812, yn drosiadol yma am bwrs neu gwd Einion. Cf. isod 9.24 *Piw paeledliw, pêl lwydlas*.

21 **twrstan** Ffurf ar *trwstan*, cf. isod 8.51 *Naid twrstan*.

fforstal Unig enghraifft. Dilynir GPC 1306 lle y rhoddir iddo'r ystyr '?rhwystr, llestair' gan awgrymu ei darddu o'r H.S. *forstal, foresteall* '*hindrance*'.

dyff/ tyff Gw. uchod 6.126n.

22 **bonryff** *Bôn* 'tin' + *rhyff*? Gw. uchod 6.126n.

bonws Awgrymir yn G 71 ddiwygio *borós* llsgr. B yn *bonws* neu *bonrws*. Ceir *bonws* yn ll. 38 isod, ac yn GPC 301 rhoddir iddo'r ystyr 'tin, rhefr' (*bôn* + *-ws*). Ymddengys yr ystyr honno'n briodol yma.

cyffaith unmal 'Tebyg i gyffaith' (*un* + *mal* 'yr un fel â'). Cf. GIG 166 (XXXVII.12) *Cyffeithdy clêr cyffeithdin* ('Dychan i'r Gwyddelyn'); cynigir yr ystyr 'â thin wedi ei chyffeithio fel lledr' neu 'â thin gyffeithlyd' ar gyfer *cyffeithdin*, *ib.* 370.

23 **Greal** Y Greal Sanctaidd, sef y ddysgl yr honnid i Grist ei defnyddio yn y Swper Olaf. Dyna'r ystyr a roddir i'r enghraifft hon yn GPC 1528, ond ansicr iawn ydyw yn ôl G 587 d.g. *Greal*, er y gall, efallai, meddir, fod yn ddefnydd ffig. o'r gair hwnnw. Ai'r ergyd yw fod y llestri y bwytâi Einion ohonynt gymaint â'r Greal ei hun? Ond anodd yw cysoni hynny â *cwrogau* (os cywir y diffiniad isod), a mwy tebygol, efallai, yw mai defnydd eironig sydd yma o'r gair *Greal* i gyfleu rhagoriaeth; cf. GLGC 225 (99.1–2) *Y gŵr ieuanc fal Greal / a dawn Duw'n flodau'n ei dâl.*

cwrogau Ffurf l. *cwrrog* y rhoddir iddo'r ystyron '?llestr, cawell; caets; ?bygegyr' yn GPC 648, gan awgrymu ei darddu o'r S. tafodieithol *currock*, amrywiad ar *currick*. Dengys yr enghreifftiau fod iddo rym dychanol—e.e. CC 225 *cwrrog hyll mewn craig yw hi* (Edward Maelor am Harlech)—ac y mae'r ystyron a awgrymir yn nodweddiadol o ddelweddaeth y canu dychan.

24 **mâl** E. yma, 'grawn i'w falu neu wedi ei falu', gw. GPC 2326 d.g. *mâl*[1].

25 **gwrw** Dilynir awgrym petrus GPC 1742 d.g. *gwryw, gwrw*, &c., '?anfwyn, garw, anhywedd'; rhestrir yr enghraifft hon yno.

26 **pâr-sefyll** H.y. 'syth ei waywffon, gwaywsyth', cf. GDG[3] 16 (6.17) *trasyth—yw ei ffon* (am Ifor Hael); neu gellid *sefyll* yn yr ystyr 'gwrthsefyll, dal ei dir mewn brwydr', cf. uchod 1.5n.

Pyrsyfal Llsgr. B *malpyrs hyual*. Dyfynnir y ll. yn GPC 1959 d.g. *hyfal* (sef amrywiad ar *hafal*), gan ddeall, mae'n debyg, *mal Pyrs hyfal*. Tebycach, fodd bynnag, fod y testun yn llwgr ac mai Cymreigiad o enw'r arwr Arthuraidd *Perceval* sydd yma (a'r acen ar y goben). Yr unig enghraifft arall y sylwyd arni yw IGE[2] 184 (ll. 8) *Pâr sofl aer, Persifal oedd* (Rhys Goch Eryri). Am enghreifftiau o ddefnydd y beirdd o'r e. Cymraeg cyfatebol *Peredur* yn safon rhagoriaeth, gw. TYP[2] 491. Dyna'r enw a geir yn *Y Seint Greal*, cf. sylw Rachel Bromwich, *ib.* 490:

'The tradition remained strong in Wales that the French hero *Perceval*
(*Perlesvaus*) corresponded to the Welsh *Peredur*, so that the fourteenth-
century Welsh rendering of the romance of the Grail restores to the
hero his original Welsh name: *y milwr yd ydys yny ganmawl yma. y henw
yn ffranghec yw peneffresvo galeif* [*sic*] *kystal yw hynny yngkymraec a
pheredur … A henw y dat oed efrawc iarll. o ben glyn camelot.* (*Y Seint
Greal* [1876], p. 172.)'

27 **soegial** Llsgr. B *soec*[ ]*al*, gyda llythyren na ellir ei darllen. Tybed nad
soegial yw'r ffurf, gan mor gyffredin yw'r terfyniad -*ial* yn yr awdl hon
(cf. ll. 6n uchod)?

Bewmares Ar y ffurf hon, gw. EEW 207.

28 **rhodies** Ffurf 3 un.grff.myn. y f. *rhodio*. Â'r defnydd o'r f. fel bf.
anghyflawn, cf. disgrifiad Cynddelw o Owain Cyfeiliog, GCBM i, 16.19
Botauc y rodaᴎc y rodyaᴎ toruoet, a aralleirir 'Cadarn yw ei darian gron
wrth rodio [o amgylch] byddinoedd', a gw. GPC 3085.

gwŷr yr Eidial Tuedda'r beirdd i gyfeirio at yr Eidal mewn cysyllt-
iadau cadarnhaol. Â'r cyfuniad hwn cf. RB 42 (llau. 10–11) *a gᴎedy
marᴎ y dat or ergit hᴎnnᴎ y deholes gᴎyr yr eidal vrutus*.

30 **rhydiriaw** Ni restrir y ffurf yn GPC. Y geiryn rhagferfol *rhy* + *tirio*
'glanio, dod i dir', cf., e.e., YSG 144 (ll. 17) *Ac yr awr y gweles y gwr ef
a'r ysgraff yn tiriaw* …; GLGC 94 (38.29–30) *ŵyr Forgan tarian yn
tiriaw—'mhob glyn, / ar Rydodyn fryn er ofn neu fraw*. Ystyr arall i'r gair
yw 'turio' (cf. TA 387 (XCIX.19)), ond annhebyg mai dyna a olygir
yma.

Rhyd Wrial Ceir Rhyd Wrial ac Afon Rhyd Wrial ger Rhuthun; gw.
G 710 d.g. *gwryal*.

31 **Iosedd** Joseff, cf. GMB 23.18 (awdl i Dduw o waith Elidir Sais). Ond
ymddengys fod Joseff, gŵr Mair, a Joseff o Arimathea yn gwbl an-
addas, ac felly hefyd fab Jacob, oni bai fod yma atgof am ei daflu i'r
pydew gan ei frodyr a'i werthu i'r Ismaeliaid (Gen xxxvii.22–36).

32 **Iâl** Cwmwd Iâl yng ngogledd Powys, gw. WATU 94.

33 **goriain** Llsgr. B *Gᴎryein*. Derbynnir diwygiad GPC 1487 d.g. *goriain*
'bloeddio, gweiddi, crochlefain' (*gawr* + (*i*)*ain*); cf. awgrym petrus G
569 d.g. *goryein*.

adolwg Yn ôl GPC 231 d.g. *atolwg, adolwg*, i'r 16g. y perthyn yr
enghreifftiau cynharaf yn yr ystyr 'yn rhodd, yn wir, erfyniaf', &c. ond
ymddengys yn gwbl addas yma. 'Arch, deisyfiad' a olyga *adolwg* fel e.
(bôn y f. *adolygaf: adolwyn*), *ib*. 25.

34 Ymddengys fod y testun yn llwgr yn y ll. hon a'r ll. nesaf.

troedrwym Amlwg mai llwgr yw *tratrȯym* llsgr. B. Yn betrus y diwygir yn *troedrwym* (*troed* + *rhwym*) er mwyn sicrhau cyflythreniad boddhaol â *tradrwg*. Fe'i ceir, ar y ffurf *troetrwym*, yn TW, lle y rhoddir iddo'r ystyr *loripes* ('â choesau ceimion, *bandy-legged*'). Cf. hefyd *troetrwm* (*troed* + *trwm*), e.e. TA 470 (CXXI.32).

twncial Annhebyg ei fod yn amrywiad ar *twncl*, yr awgrymir yn GIG 372 (XXXVII.85n) ei fod yn fath o bysgodyn (o'r S. *toncuer*). Ystyr *twnc*, *twng* yn y cyfreithiau yw rhent ar dir, gw. LlB 189 a cf. GLM 221 (LXII.57–8) *Gwell yw twnc y gyllid dau, / iarlles weddw, no'r holl swyddau*. Mwy tebygol yma, efallai, yw'r ystyr 'tyngiad, llw'; cf. GGl² 51 (XVIII.71) *Nid talu arian dan dwng*; TA 104 (XXI.39). Os *gâl* yw'r ail elfen (gw. ll. 6n uchod), byddai 'yn tyngu gan boen' yn un ystyr bosibl a weddai yn y cyd-destun.

35 **us myngus** Llsgr. B *vs magnus*, a phwynt dileu o dan yr *a* ac *y* uwch ei phen. Gellid cynnig *mign* 'cors' yn elfen gyntaf; cf. hefyd y f. *mign(i)o* 'damsang, sengi, sathru, mathru, gwneud neu fynd yn gorslyd', &c., GPC 2454. Ond dichon mai gwall am *myngus* sydd yma, cf. GGDT 15.45 *lun eidion—myngus* (Iorwerth Beli). Yr ystyron a roddir yn GPC 2532 yw 'aneglur ..., yn myngial, yn mwmian, ac atal dweud arno', &c., ond cf. hefyd *myngog*, ib., 'a chanddo fwng', e.e. GCBM i, 16.180 *Na thaeaȯc mygaȯc*; gw. ib. 216 am yr ystyr 'barfog' mewn cysylltiadau o'r fath. Gall fod *myngus* yn disgrifio'r us yma, ac os felly cf. *myngwellt* a *myngwair* 'ffeg, ffȯg' (sef gwair garw), y ceir enghreifftiau ohonynt yn GPC 2532 o'r 18g.

myngial Llsgr. B *mogyal*. Petrus, eto, yw'r diwygiad hwn. Rhoddai *mwngial* neu *myngial* gynghanedd dderbyniol â *myngus*.

37 **gröeg** 'Twrw, twrf, trydar' (?yr un elfen ag yn *gro(ar)* 'trydar' + *-eg*). *Groeg* yw'r ffurf yn ôl GPC 1533, lle y rhoddir hon yn unig enghraifft, ond dengys y ll. ddecsill a'r gynghanedd (odla â *dwyseg*) mai deusill ydyw (cf. G 590 d.g. ?*gröec*). Cf. GDB 28.2 *Ys gwrdd yn Ionawr, mawr morgroeg* 'Pwerus yw Ionawr, mawr yw sŵn y môr' (Dafydd Benfras), a gw. *ib*.n (*-eg* yw'r brifodl). Cymerir mai ystyr *gröeg loyw* yw 'uchel ei gloch'; cf. GDG³ 81 (28.9–10) *Pell y clywir uwch tiroedd / Ei lef o lwyn a'i loyw floedd.*

twyseg Unig enghraifft. Ai cyfuniad o *twys* (cf. *tywys(en)*) + yr olddodiad *-eg*? Ond ymddengys yr ystyr honno'n gwbl amhriodol. Awgrymir, yn betrus iawn, mai ffurf ar *twysg* sydd yma, yn golygu 'crugyn, pentwr'.

dwsel O'r S.C. *duselle* 'dossil': 'dyfais sy'n rheoli llif dŵr neu hylif o bibell, tap casgen, feis, peg i atal llif diod, &c., o gasgen neu drwy bibell, ysbigod; pistyll; pidyn anifail', GPC 1107. Tebyg mai'r olaf o'r ystyron hyn sydd fwyaf priodol yma.

mymlws Ffurf ar *wmlys, wmlws* 'offal neu syrth carw' (o'r S. *umbles, owmlys* o'r H.Ffr. *nombles*, cf. *'humble pie'*). Cf. GLM 172 (XLVIII.46) *aml saig ym o fwmlws hydd*, a gw. *ib*. 454, GGl² LXXXI.31n.

38 **gweinial** Gw. uchod ll. 8n.

39 **alwar** 'Pwrs, cwd' (o'r S.C. *aumener, awmener* (*almoner*) mewn cydweddiad ag *alwisen*), GPC 76; cf. *almwner*, isod 8.9n.

pennyg Gw. uchod 6.23n.

pynial Ai cyfuniad o *pwn* + *gâl* yn un o'i ystyron (gw. uchod ll. 6n)? Ai 'baich o boen'? Y mae J. Lloyd-Jones, *art.cit*. 88, yn rhestru'r ffurf hon yn betrus fel be., heb gynnig ystyr.

llwyth Llsgr. B *llƟytll*, a phwyntiau dileu o dan yr ail *l* a'r *t*.

40 **hersur** Cyfuniad o *hers* 'tin' + *sur*.

horsal Ymddengys *hôr* 'llau' (gw. uchod 2.29n) + *sâl* 'salw' yn fwy tebygol na *hors* (o'r S. *horse*) + ?*gâl*. Cf. *cocsal*, uchod ll. 7n.

41 **alaawg** Llsgr. B *HalaaƟc*. Dilynir G 19 sy'n ei ddiwygio yn *alaawc²* 'budr, pwdr' er mwyn y cymeriad.

42 **alaon** Rhoddir iddo'r ystyr 'budron' yn G 19, gan ei gymharu ag *alaawg*. Gallai fod yn ffurf ar *alafon*, fel ?eb. 'perfedd, canol, pwll y galon', GPC 73, neu, fel ffurf l. *alaf*, 'cyfoeth, eiddo, golud' (*ib*.). Os yr olaf, gellir cynnig mai'r ergyd yw mai *rhuchion* (sef rhuddion neu fran) yw'r cwbl sydd gan Einion ar ei elw.

ysbringal Yn ôl G 99 d.g. *kaly*, cyfuniad o *ysprin* + *cal* sydd yma, ond tebycach ei fod yn fenthyciad o'r S. *springal* yn un o'i ystyron, 'glaslanc, llencyn' neu 'blif, catapwlt'. Yng ngoleuni *Gwarag ysbringal* (8.19) a *cwllflif* (9.55), yr olaf o'r ystyron hyn sydd fwyaf tebygol. Dengys enghreifftiau OED² fod yr ystyr honno'n gyffredin yn y 14g.; i *c*. 1440 y perthyn y cofnod cynharaf o'r ystyr arall.

43 **Marchwial** Cymerir mai ffurf ar yr e. lle Marchwiail yn sir Ddinbych a gynrychiolir gan *morchhƟyal* llsgr. B; arno, gw. I. Williams: ELl 68. Ni ellir ond dyfalu bellach ynghylch arwyddocâd y cyfeiriad at faer Marchwiail.

44 **alŵydd** Llsgr. B *alƟyd*, ag *l* arall wedi ei dodi i mewn rhwng yr *l* a'r *w*. Unig enghraifft yn G 20 d.g. *alŵyδ* (*al* + *gŵydd*), a rhoddir 'teulu, llwyth' yn ystyr i *al*, *ib*. 19. Ond tybed nad *âl¹* sydd yma, GPC 73: 'epiliad anifail, yn enw. am fuwch yn bwrw llo ... Ar lafar yng Ngheredigion yn yr ymad. "ar ben ei *hâl*" am fuwch ar ben ei hamod, ar fin bwrw llo'. Gellir cynnig, felly, mai 'gŵydd feichiog' yw *alŵydd*, gair a rydd well synnwyr nag *allwydd* (ffurf ar *allwedd*) ac a sicrha gymeriad ag *elain* yn ll. 43.

dyŵydd 'Chwithig, afrwydd, afrywiog' (*dy-* + *gŵydd*), GPC 1154.

45 **profinsal** Ai cyfuniad o *profins* 'rhanbarth, talaith' + *gâl* yn un o'i
ystyron? Benthyciad dysgedig yw *profins* o'r Llad. *prōvincia*, o bosibl
drwy'r H.Ffr. neu'r S.C., GPC 2904. Ni cheir enghreifftiau o *profinsial*
(o'r S. *provincial*) hyd yr 20g.; gw. *ib.* d.g., lle y dywedir mai ansicr yw
perthynas *prounisal* [darllener *prouinsal*] yn R 1339.29, sef y ffurf sydd
dan sylw yma.

47 **Pilatus** Pontiws Peilat. Cf. GDG³ 3 (1.21–2) *I eistedd arnad ustus—
cardotai* / *O fab y blotai fu Bilatus* ('I Iesu Grist').

48 **lleyg** Rhywun taeogaidd, di-ddysg a olygir yma, mae'n debyg, yn
hytrach nag un sydd heb fod mewn urddau eglwysig.

49 **Olew da nid â is ei dâl** Cyfeiriad sydd yma, yn ôl pob golwg, at
Sagrafen yr Olew Olaf (*unctio extrema*) ar gyfer cleifion neu rai ar eu
gwely angau; cf. GBDd 4.52n, a'r enghreifftiau a restrir yn GPC 2642
d.g. *olew*.

50 **Dôl Gynwal** Yr hen enw ar ardal Ysbyty Ifan yn sir Ddinbych, gw.
YEPWC 16.6n a WATU 60. Fel yr awgryma'r enw, yr oedd ysbyty gan
Urdd yr Ysbytywyr, neu Farchogion Ifan, sef John o Jerwsalem, yn
Ysbyty Ifan, gw. ETG 27. Gallai hynny egluro'r cyfeiriad at olew yn y
ll. flaenorol.

51 **chwydal** Haws ei gysylltu â *chwydalen* 'pothell', ll. *chwydail, chwydalau*
(gw. uchod 4.1n), nag â *chwŷd*; cf. G 282 d.g. *chwŷt*.

52 **crest** 'Crachen, cramen', &c., efallai o'r S. *crust*, ond cf. Llyd. *kristinen*
'croen ar laeth yn berwi', gw. GPC 592 d.g. *crest²*. Ceir diweddglo tebyg
i gerdd 9 isod, ll. 112 *Mor ddifraint grych naint ei grach*.

8

Y mae'r awdl hon yn drawiadol o debyg i'r gerdd flaenorol o ran ei
harddull a'i geirfa, ei chyfeiriadau lleol, a hefyd o ran natur y dychan. Yma
eto, ceir gwawd didrugaredd ar ddiffygion corfforol ac aflendid y
gwrthrych, ei lyfrdra, ei daeogrwydd, ei lythineb a'i gardota digywilydd.
Disgrifir Bleddyn yn crwydro Maelor ar drywydd had haidd, ond fel Einion
yr oedd ei glera yn ddihareb ym Môn hefyd—*Gwir gasglodd, medd Môn,
gwerth march ac eidion,* / *Garw sôn, o rynion, myn Ariannell* (llau. 41–2). Y
mae'r tyngu yn enw santesau yn agwedd ddiddorol ar y gerdd: yn ogystal
ag Ariannell enwir Melangell, a gysylltir â Phennant Melangell ym
Mochnant, ynghyd â'r santes lai adnabyddus, Anghenell, o linach Brochwel
Ysgithrog, brenin Powys. Hynodrwydd arall ar yr awdl hon yw'r holl
ddelweddaeth anifeilaidd sydd ynddi. Creaduriaid yw'r rhain—yn fleiddiaid
a geifr ac epaod a nadredd a gwyddau ac ati—sy'n dipyn llai eu hurddas na

llewod ac eryrod y canu mawl.[1] Ac wrth gyferbynnu Bleddyn ag arwyr traddodiadol—*nid mal Hiriell* (ll. 24), *nid mal Cadell* (ll. 34)—bron na ellir honni bod y bardd yn adleisio'r gerdd flaenorol. Unwaith eto, nid oes yma dystiolaeth amlwg mai bardd a ddychenir, ac eithrio, efallai, y geiriau *gogan ymadrawdd* yn llinell 37. Cynigiwyd mai'r un yw'r Bleddyn hwn â Bleddyn Ddu, bardd o Fôn, mae'n debyg, a ganodd englynion dychan rywbryd, fe gredir, rhwng tua 1330 ac 1385; awgrymwyd iddo fynd ati i glera ym Maelor wedi iddo golli ei nawdd ym Môn.[2] Y mae'n bosibilrwydd diddorol, ond nid yw'n ddim mwy na hynny.

Cyhydedd hir yw'r mesur hyd at yr wyth llinell olaf, gyda dechrau cymal cyntaf pob cyhydedd yn cyflythrennu â dechrau'r ail gymal (yn debyg i gerdd 2 uchod), ond fod cyffyrddiad o gynghanedd sain yn ogystal yn llinellau 15, 19, 27 a 43. Yn y trydydd a'r pedwerydd cymal y gynghanedd sain sydd flaenaf; yr unig eithriad yw llinell 14 lle y ceir cyfatebiaeth gytseiniol yn unig yng nghorff y llinell. Er bod yma nifer uchel o gynganeddion pengoll, ceir amryw o gynganeddion sain cywrain gyda chyfatebiaeth gytseiniol gref, yn enwedig yn llinellau 6 (sain ddwbl), 18, 22, 24, 30 (sain deirodl), 36 a 42. Cloir yr awdl â dau englyn unodl union ar yr un brifodl *-ell*. Cynhelir y cymeriad llythrennol *g-* (a chymeriad cynganeddol crefftus yn aml) drwy gydol y cyhydedd hir, a cheir y cymeriad llythrennol *n-* yn y ddau englyn.

1 **llostruddyn** Dyfynnir yr enghraifft hon yn GPC 2215 d.g. *llostrudd, llostruddyn* dan yr ystyr 'rhywbeth hir, ?person tal, darn neu ddryll (?hir) o rywbeth', ond dichon, meddir, mai i'r ail ystyr y perthyn, sef 'llostchwydd: *priapism*' (codiad parhaus). Y mae'r ystyr gyntaf yn amlwg yn llythyrau'r Morrisiaid, e.e. ML i, 59 *Mi sgrifenais attoch lostryddyn o lythyr ryw ddiwrnod ers dyddiau byd*, a thebyg mai dyna'r ystyr yma mewn perthynas â'r a. *gwaeddfawr*.

2 **gwelyddyn** 'Gwely, gorweddle' yw'r ystyr arferol, ond tebyg mai 'gwaddod' a olygir yma; cf. Llyd. *gouelezenn* 'gwaddod, gwaelodion'. Gw. G 656, GPC 1630.

3 **gwilers** Gw. uchod 5.5n.

alsbrog Unig enghraifft. Ai cyfuniad o *als* (o'r S. *hals* 'gwddw') + *broc* 'llwytgoch'? Gw. G 20, GPC 76 d.g. *alsbroc* [sic].

4 **gwlf** Llsgr. B *gŵlif*. Derbynnir diwygiad petrus G 692 d.g. *gwl(y)f*; cf. GPC 1684 d.g. *gwlf, gwlw*. Ar *gwlf* gw. uchod 4.4n.

hog 'Gwddi, bilwg' (o'r S. *hoc, hok, hoke* 'hook, curved instrument with a cutting edge'), GPC 1881 d.g. *hoc², hog²*. Cf. R 1336.16–17 *Penn hoc penn camoc penn yn camu n vaŵr* (Gruffudd ap Maredudd).

---

[1] Cf. DGIA 63–5.
[2] Gw. GBDd 5–6, 66; am feirdd eraill o'r enw Bleddyn gw. *ib.* 5n.

5 **Gwyddel** Ar yr arfer o ddefnyddio *Gwyddel, Gwyddelig,* &c., i gyfleu dirmyg a barbareiddiwch, gw. GDG³ 139.45n.

7 **gŵydd ar** Yn llsgr. B newidiwyd *Gѡydafyr* yn *Gѡydar* (ceir *Gѡydavyr* yn ll. 11). Derbynnir awgrym petrus G 730 d.g. *gŵyδ³* mai *gŵydd* (yr aderyn) sydd yma; ffurfia gymeriad cynganeddol cryf â *gwedd* yn ll. 8. Â'r defnydd hwn o'r ardd. *ar,* cf. PKM 46 (ll. 18) *Ac ar hynny o ginyaw y buant seith mlyned* ac, efallai, B xiv (1950–2), 188 *Ac y gwnaethpwyt gwled uawr yn eu neithawr a'r brenhin arnei* ...

8 **gwedd ïau** Llsgr. B *gѡedieu,* a restrir yn betrus yn G 643 fel ll. *gweddi.* O'i ddeall yn ddau air, *gwedd* a *gïau,* ceir ystyr fwy boddhaol yn y cyd-destun.

9 **aingnier** Ffurf dywyll. Awgrymir yn G 19 y dylid ei diwygio yn rhyw gyfansawdd o *ainc* (*ainc, aing* 'blys, gwanc, trachwant'; cf. *eing(i)o* 'erchi rhagor, ceisio chwaneg, gofyn yn haerllug, cwyno', GPC 1190), ond anodd gweld beth a allai'r ail elfen fod.

almwner Unig enghraifft. 'Pwrs, cwd' (o'r S.C. *almoner*), GPC 76; cf. *alwar* uchod 7.39n.

11 **efrwig** Cyfuniad o *efr* (ll. *efrau*) + *gwig.* Cymerir bod *everwic* llsgr. B yn wall am *ev(y)rwic* (gair deusill sydd yma, yn bendant, gan mai deg sillaf sydd i'r ll.). Nodir y posibilrwydd hwn yn G 446 d.g. *ev(e)rwic,* a ffurf bosibl arall, sef *eu(e)rnyc* 'gafr flwydd flith'; dilynir yr awgrymiadau hyn yn GPC 1171 d.g. *eferwig.* Gair teirsill yw *efyrnig,* fodd bynnag, ac ni rydd gyflythreniad boddhaol o fewn y ll.

gwyddiad wrth Yng ngoleuni'r ll. nesaf fe'i deellir yn gyfuniad o *gŵydd* ac *iad* 'pen', er y gellid gweld yma ffurf 3 un.amhff.myn. y f. *gwybod,* fel y gwneir yn G 726 d.g. *gwybot.* Ystyr 'gwybod wrth', mae'n debyg, fyddai 'gwybod am'—cf. LlA 35 (ll. 27) *ynep ny wypont dim vrth duѡ*— ond y mae'r amser amhff. yn taro'n chwithig.

12 **esgyg** Ffurf 3 un.pres.myn. y f. *ysgogi* 'ysgwyd, symud, crynu'.

13 **gwelygach** Llsgr. B *gelygach.* Derbynnir diwygiad G 656 d.g. *gwely.*

14 **ysgai** 'Ysgum, llysnafedd', h.y. rhywbeth diwerth; cf. uchod 2.36. Cf. hefyd GDG³ 61 (21.33–4) *bastynwas / Baw estynwefl ysgai* ('Dychan i Rys Meigen'), lle yr ymddengys fod iddo rym a. fel sydd yma.

sadell 'Ystrodur, ystarn, cyfrwy', o'r S.C. *sadel,* gw. GPC 3155.

15 **gwestai** Yn yr ystyr 'cardotyn', efallai; cf. GDG³ 61 (21.49) *Gwylliad anwastad westai—llifiedig* ('Dychan i Rys Meigen').

gwaster Llsgr. B *gwarsdur.* Y mae *gwaster* (*gwast* + *-der,* gw. GPC 1601) yn gweddu o ran ystyr a rhydd gyflythreniad effeithiol â *gwestai* sy'n gyson â chynganeddiad y gerdd. Cf. R 1359.21 *nawestѡn arwaster seis* (Iocyn Ddu ab Ithel Grach).

ireidlyd Llsgr. B *eireitlyt*. Cf. R 1272.26 *Profes aruer cler clorya ireitlyt* (Madog Dwygraig).

17 **bonrosiwr** Tebyg mai *bôn* yw'r elfen gyntaf, ond y mae'r ail elfen yn dywyll.

18 **pydiwr** Nis rhestrir yn GPC, ond cf. y f. *pydio, ib.* 2959, 'peryglu ... gwneud yn agored i berygl, rhagod', &c., o'r e. *pyd* 'perygl, enbyd-rwydd, rhagod, ymosodiad cudd', &c., *ib.* d.g. *pyd*[1]. Byddai'r ystyr 'ymosodwr (cudd)' yn addas yma.

19 **gwarag** Cf. ll. 26 isod (ond annisgwyl yw cael yr un gair ddwywaith mor agos i'w gilydd ar ddechrau ll.). Yr ystyron a rydd GPC 1578 d.g. *gwarag, gwaragen, gwragen* yw 'rhywbeth wedi ei blygu neu wedi ei gamu, pren neu wialen blygedig, bwa, cambren, iau, annel, dolen, handlen, hanner cylch, tro, &c.'; cf. yr enghreifftiau eraill a ddyfynnir yno o ganu dychan y Llyfr Coch. A chymryd mai blif neu gatapwlt yw ystyr *ysbringal* yma (cf. uchod 7.42), gall *gwarag* olygu cambren neu'r rhan fwaog o'r peiriant hwnnw.

20 **cawal** (neu **gawal**) Ffurf dywyll nas ceir yn GPC, er nad oes reswm i amau fod y testun yn llwgr. Er nad oes ymgais i'w hegluro yn G 117, cynigir yno mai ystyr *bwyd gawal* yw 'yn gweiddi, neu yn crefu, am fwyd'. Go brin ei bod yn ffurf ar y gair *cafall* 'march' (o'r Llad. *căbăllus*; cf. *Cabal*, enw ci Arthur, yn ôl y chwedl), gw. GPC 387. Cf. hefyd S. *cawel* sy'n ffurf ar *cawl*: 'a basket; in modern Cornish dialect, a fish-basket or creel', ond ni chofnodir enghreifftiau rhwng *c.* 1050 ac 1568, gw. OED[2] d.g. *cawl*.

21 **ffistolwyn** Amrywiad ar *postolwyn, pystolwyn* 'crwper, pedrain', &c. (o'r Llad. *postilēna*), yn ôl GPC 1290, 2862, gan ddilyn awgrym G 506.

gorgefn Cyfuniad o *gôr* + *cefn*. Cf. 9.98 *a'i gôr garwlych*; 6.121 *goriedig*.

24 **Hiriell** Arwr traddodiadol Gwynedd, gw. I. Williams, 'Hiriell', B iii (1926–7), 50–2.

26 **husting-gell** Llsgr. B *ystinkell*. Gellir cynnig yn betrus mai ffurfiant ydyw o *cell* a *husting*, fel e. 'sibrwd, sibrydiad, mwmian; athrod, absen', GPC 1927, ac mai'r gell honno y cyfeirir ati yn y llau. canlynol. O ran yr ystyr cf. ll. 22 *Geirgwyn ys difwyn mywn ystafell*. Cf. y ffurf gyfans-awdd *clust-hustyng-gas* 'anair, enllib' yn Llst 27, 28 (*c.* 1400) *Clust-hustynggas yw. cas hustyng dychymycdrwc wrth vedyannussyon neu swydogyon y golledu arall o digassed arnaw*; gw. GPC 511.

27 **ters** Ar yr unig slip ar gyfer y gair hwn yn archif Geiriadur Prifysgol Cymru, cofnodir awgrym J. Lloyd-Jones: '? Llad. *tersus*, Saes. *terse*'. Daw'r a. Lladin o'r f. *tergere* 'glanhau, caboli'. Ai posibl, felly, ystyr debyg i '[na fu'n] lân [ond am] ysbaid' i *gwers ters*? Ynteu a ddylid

cysylltu *ters* â'r ffurf *tersyn* a geir yn GLM 54 (XV.41–2) *Band drwg—torri'r bont ar hyn— / nad âi wrsib i dersyn*? Awgrymir, *ib.* 401, mai *teirsyn* yw'r gair, ffurf un. *teirs* a all olygu 'tariannau, darnau', neu gall fod yn ffurf amrywiol ar *tyrs* (ffurf l. *tors*), cf. *ib.* 400.

rhefra *Rhefr* 'tin' + *gra* 'ffwr' (cf. 7.18 uchod)?

28 **tripa** 'Coluddion, treip', gw. EEW 94.

trwp 'Ystên' neu 'llestr llaeth' yw'r ystyron mwyaf cyffredin gan y geiriadurwyr. Â'r ll. hon cf. yn arbennig Gwyn 3, 168 *drwyth-flew drwp sew dripa swllt* (Rhys Goch Eryri).

29 **gwegilfan** Cyfuniad o *gwegil* + *man* yn yr ystyr 'marc, anaf, nam, mefl', &c., gw. GPC 2337 d.g. *man*². Gthg. G 646 d.g. *gwegil*, 'uchel ei wegil, gwarsyth' (yn cynnwys yr elfen *ban*).

baddag Ffurf ar *byddag*, *byddagl* 'magl, hoenyn, cwlwm rhedeg', &c., GPC 362.

30 **mantag** Ni restrir *mantag* (na *bantag*) yn GPC. Gall fod yn amrywiad ar *mantach* '(dyn) diddannedd'.

31 **coesraul** Ceir *rhaul* yn nychan Casnodyn i Drahaearn, GC 11.99 *Bongaul rhaul, rhestr feidd-draul fydd*, ond tywyll yw'r ystyr.

32 **ysgrafell** Math o grib i lanhau ceffylau. Cf. y ll. *Gwenllïan druan drwyn ysgrafell—bren* mewn englyn dychan i Wenllïan ferch Rhirid Flaidd a briodolir i Ruffudd ap Dafydd ap Grono, gw. Dafydd Johnston, 'Gwenllïan ferch Rhirid Flaidd', *Dwned*, iii (1997), 27.

33 **gwrthfun gasgl** Diwygir *Gorthmungasgyl* llsgr. B er mwyn y cyflythreniad â *gwarthau*, ac â *gorthfolglwm* ar ddechrau'r ll. nesaf.

gwarthau Llsgr. B *gortheu*. Rhoddir hon yn unig enghraifft yn GPC 1715 d.g. *gwrthau*², *gwrtheu* (dilynir G 716), gan gynnig y dylid deall *gwrth-* + *gau* neu ddarllen *gwartheu*, *gwrthneu* neu *gorthew*. Ymddengys *gwarthau* yn addas o ran ystyr a chynghanedd.

cicwm Cyfuniad o *cig* + *cwm* 'tin', yn ôl G 140 d.g. *kic*.

34 **gorthfolglwm** Dilynir G 574, 'bogail, bogeilglwm', er nad eglurir yr elfen *gorth*. Gall fod y testun yn llwgr, ac mai gwall ydyw am *garth*, ffurf dreigledig *carth*.

Cadell Cadell fab Rhodri Mawr, mae'n debyg, sef tad Hywel Dda, gw. G 90 d.g. *Kadell*², J.E. Lloyd: HW³ 326. Â'r enghraifft hon, cf. GBDd 6.15 *dewredd Cadell*.

35 **sain ladr** Yn GPC 2078 cynigir yn betrus mai bôn yr e.ll. *lladron* yw *lladr*, yn golygu '?lladrad neu eiddo lladrad'; cf. R 1054.31–2 *lladyr ff[r]adyr kenn amassöy*. Gellir cynnig ystyr debyg i 'lladronllyd ei sŵn' i *sain ladr*.

36 **Melangell** Y santes a gysylltir â Phennant Melangell ym Mhowys. Gw. LBS iii, 463–6; Jane Cartwright, *Y Forwyn Fair, Santesau a Lleianod: Agweddau ar Wyryfdod a Diweirdeb yng Nghymru'r Oesoedd Canol* (Caerdydd, 1999), 115–17 *et passim.*

38 **goglawdd** Yn GPC 1436, gan ddilyn G 548, dyfynnir yr enghraifft hon yn unig dan yr ystyr '?trawiad, cnith, palfod' (ystyr gyffredin y gair, sy'n digwydd yn ddiweddarach, yw 'ffos fechan; gwrthglawdd').

42 **Ariannell** Y santes y cedwir ei henw ym Mhentre Eiriannell, Môn, gw. EANC 94–5; yn ôl LBS i, 168, â Mynwy y cysylltir Ariannell.

43 **gwlad Faelor** Cf. uchod 7.5n *llawr Maelawr.*

46 **gerran** 'Corrach', yn ôl y geiriadurwyr, a dyna'r ystyr a roddir i'r enghraifft hon (yr unig enghraifft gynnar) yn GPC 1395. Fe'i cymherir â'r gair Gwydd. *gearrán* 'ceffyl', ac nid amhosibl yr ystyr honno yng ngoleuni delweddaeth anifeilaidd y llau. hyn.

47 **Anghenell Hael** Llsgr. B *aghynell hael.* Enwir Anghenell ym Monedd y Saint, EWGT 66: *Anghenell verch Elissav ap Gwelawc ap Beli ap Mael meingan ap Sselyf ssarf kadav ap Kynan garwyn ap Brochwel ysgithroc.* Gthg. G 18 lle y deellir *anghynell* yn a. '?afradlon, anghynnil'.

48 **can mhacrell** Enghraifft ddiddorol o ychwanegu *h* ar ôl y rhif. *can*, gw. G 108 d.g. *cant*[1], &c., lle y rhestrir y ffurf hon, a cf. Treigladau 137.

49 **rhod** O'r holl ystyron posibl, 'cwrs, cylchdaith' sy'n gweddu orau yma (gw. GPC 3084 d.g. *rhod*[1]), gan ddeall *nod* yn yr ystyr 'targed, diben'.

51 **crafnell** Ffurf dywyll. Fel yr awgrymir yn GPC 576, ymddengys mai math o anifail ydyw; â *crimog crafnell—flwydd* cf. *garrau iyrchell*, ll. 46 uchod. Y mae Afon Crafnell (heddiw Carfan(n)ell) yn codi ym Mannau Brycheiniog ac yn rhedeg drwy Lyn Collwyn heibio i Dal-y-bont ar Wysg i Afon Wysg i'r de o Lansanffraid. Awgrymir yn EANC 97 gydio'r enw wrth *crafnell flwydd* yr ymddengys ei fod yn enw creadur. 'Am y bôn *Craf(n)-*', meddir, 'ai â'r e. *craf* 'garlleg', ai â'r b.e. *crafu* 'ysgraffinio', y dylid ei gysylltu? Yn P.K.M. 149, dywedir: '*craf-*, cf. Gw. *crobh*, "a paw, claw, the hand from wrist to fingers", Dineen; Gw. *cruibne*, enw cath, O'Dav. A.C.L.ii. 263; B.T. 23 iar *graf*-rud, "red-clawed".' Felly, os enw anifail sydd yma ar afon, meddir, cf. Afon Cathan; gw. *ib.* 51–2 lle y rhestrir nifer o afonydd ac enwau anifeiliaid arnynt.

52 **a rydd floedd** Llsgr. B *aryd lef.* Y mae'n bur sicr mai *floedd* a ddylai fod yma, fel y dengys y gynghanedd.

53 **tra Chyrchell** 'Y tu hwnt i Afon Cyrchell' (am y defnydd hwn o'r ardd. *tra*, gw. GMW 210). Yn ôl G 264, Afon Cyrchell ym Maesyfed a olygir yma, ond afon yn ardal Pentraeth ym Môn, yn ôl EANC 98, efallai ar sail y cyfeiriad at Fôn yn ll. 41. Anodd yw torri'r ddadl ar sail

cyfeiriadaeth ddaearyddol eang y gerdd. Cysylltir enghreifftiau o'r ymadrodd *tra Chyrchell* â'r ddwy afon yn *ib*. 97–8, ond arwyddocaol, efallai, yw'r ffaith mai'r nant ym Maesyfed (sy'n codi ar Castle Bank ac yn rhedeg i ymuno â Chlywedog i'r dwyrain o Fynachlog-y-cwm Hir) oedd y ffin, am ryw hyd yn y 10g., rhwng Maelienydd a Gwerthrynion, ac mai hi yw'r ffin am rai milltiroedd hyd heddiw rhwng plwyfi Mynachlog-y-cwm Hir a Llananno a Llanbister, *ib*. 98.

54 **Ni bu ond Suwddas was well** Llsgr. B *ny bu on syᵬ das was well. Ond* yw'r diwygiad naturiol, er bod *gan* yn ymddangos yn fwy ystyrlon—cf. uchod 2.44 *Mae gan was Suddas swyddau iddaw*. Ar y treiglad meddal yn *was well*, gw. GMW 43–4 a Treigladau 66–7.

9

Os oes amheuaeth ynghylch gwrthrychau'r ddwy awdl flaenorol, y mae'n amlwg mai bardd a ddychenir yn y gerdd hon. Fe'i darlunnir fel crachfardd diwerth, un o'r *grwydrgler* neu'r glêr grwydrol ddirmygedig (ll. 53); *dufwch difardd* ydyw (ll. 7), sef bwch du diawen, ac ni ddaw o'i enau ond *mân odlau* (ll. 8), a *gwawd du ystawd diystyr* (ll. 32). *Bri cynhingi cynhengerdd* sydd iddo (ll. 12), ac y mae'r sôn am gerdd gynhennus, ynghyd â chyfeiriadau eraill at ei natur gecrus, yn awgrymu ei fod wedi hen arfer â gogannu a gwarthruddo ar gân. Fe'i gwawdir am ei fethiant i ennill nawdd wrth glera'n flinedig o lys i lys, yn was bach i ryw Gedifor a oedd, efallai, yn athro barddol arno. A'r llysoedd mor ddigroeso, fe'i gorfodir dan orchymyn Cedifor i ddwyn rhoddion cleifion diamddiffyn.

Os credir y bardd, gwahanglwyf yw Ieuan ei hun—*lleidiog glafrgonog glafwr* (ll. 39)—ac y mae'r gerdd yn llawn disgrifiadau graffig, anghynnes o'i gorff clafrllyd, llawn madredd. Canolbwyntir y dychan corfforol ar ben hagr Ieuan, fel y gwneir mewn englynion dychan o waith Gruffudd ap Maredudd yn Llyfr Coch Hergest.[1] Honnir iddo ddal y clefyd drwy goflaid heintus un o'r enw Griffri—*O dwym graffrwym Griffri glaf* (ll. 48)—ac o gysylltu hynny â llinell 26, *Gloesbla i gloria o Glâr*, gellir awgrymu'n betrus mai'r honiad yw iddo gael ei heintio yn sgil cyfathrach wrywgydiol â'r Griffri hwn ym Morgannwg. Y mae'r ddelweddaeth anifeilaidd yn drawiadol yn y gerdd hon eto, o'r englyn cyntaf un, ond y sen amlycaf drwy'r gerdd ar ei hyd yw priodoli i Ieuan ac i *haid angall* ei dylwyth (ll. 79) nodweddion chwerthinllyd geifr. Troir am dri englyn tua diwedd y gerdd faith hon (llau. 89–100) i ddychanu mam Ieuan, gyda rhestr gloncing o'i mân drugareddau sy'n dwyn i gof ddychan Iolo Goch i wrach arall, Herstin Hogl fam y Gwyddelyn o Lŷn (gweler ll. 93n isod). Dychwelir yn y tri

---

[1] R 1336.1–19. Dychana'r un bardd ryw Ieuan ap Meilyr mewn cyfres o englynion proest, *ib.* 1335.17–29.

englyn olaf at Ieuan ei hun, gan fwrw sen ar fuchedd ddiurddas y *min bwch hwn.*

Lluniwyd y gerdd ar ffurf wyth ar hugain o englynion proest. Y mae'r gynghanedd yn gywrain ar y cyfan, a dim ond tair ar ddeg o'r cant a deuddeg o linellau sydd â chynghanedd gwbl bengoll. Cynghanedd sain sydd ym mhob llinell ond pump (llau. 36, 52, 77, 78 ac 84)—ceir cyfuniad o gynghanedd sain bengoll a chynghanedd lusg yn llinellau 44 a 108; ceir sain deirodl yn llinellau 11, 14, 42, 46, 47, 58, 86, 87, 101, 105 a 107, sain ddwbl yn llinellau 9, 31 a 102, sain gadwynog yn llinellau 61, 82 a 112, a sain gadwynog deirodl yn llinell 5. Yn y rhan fwyaf o'r englynion ceir cymeriad llythrennol neu gynganeddol cryf i gysylltu'r pedair llinell ynghyd, ond ceir cymeriad fesul dwy linell yn aml hefyd. Lle nad oes cymeriad o'r math hwnnw ceir cymeriad synhwyrol, yn llinellau 33–4, 49–50, a 75–6. Newidir y brifodl yn ôl patrwm diddorol: fe'i newidir ar ôl yr englyn cyntaf, ac yna ceir un englyn yn fwy bob tro ar yr un odl nes cyrraedd bloc o saith ar ddiwedd y gerdd. Lle y bo'r brifodl yn newid, ceir cyrch-gymeriad i gysylltu diwedd yr englyn olaf â dechrau'r englyn cyntaf ar yr odl newydd.

2 **hafr** Bwch gafr (yn enwedig un wedi ei ysbaddu), gw. GPC 1960 d.g. *hyfr, hafr*. Ceir y ll. *heifr* yn ll. 76 isod.

3 **ffroga gwylltbla** Dichon fod yma gyfeiriad at blâu'r Aifft a ddisgrifir yn Ecs 7–12. Cf. y gerdd ar y testun hwnnw o Lyfr Taliesin, Bl BGCC 73 (9.6–7) *Eil pla llyffeint lluossawc <heint>, llewssynt ffronoed, / Tei a threfneu, a thyleeu, a chelleu bwyt.*

4 **arth gasgl** Ac ystyried *casgl* yn e. yma (cf. uchod 6.113; 8.33), gellid deall 'casgliad neu gynulliad o eirth', ond chwithig yw'r ddelwedd honno. Ceir grym a. i'r gair weithiau, 'wedi ei grynhoi, wedi ei bentyrru; yn crynhoi', GPC 436, ac ystyrir bod grym a. yn yr enghraifft hon i'r ystyr fwy penodol 'casgliad [sef chwydd] crawnllyd', gw. *ib.*

   moelrhasgl Plaen saer yw *rhasgl*—cf. *rhasgl(i)o* 'llyfnu neu siapio (â rhasgl)', GPC 3039—felly gellid deall 'rhasgl foel'. Ond cf. GDG³ 21 (8.12) *Nid serch ar finrhasgl ferch fain*, ac IGE² 42 (ll. 21) *Daliesin finrhasgl* (Iolo Goch), lle y rhoddir i'r a. yr ystyr 'llyfnfin' (GDG³ 8.12n, IGE² 418; gw. hefyd GIG XXII.47n). Byddai 'llyfnfoel' yn ystyr addas yma; cf. *rhasglfer*, ll. 31 isod.

   milrhith 'Ffoetws, rhith, embryo', GPC 2459. Delwedd annisgwyl, ond digwydd ddwywaith yng ngwaith Siôn Tudur i gyfleu llyfnder moel: GST 524 (132.85–6) *Milrhith tebyg i'r moelrhon, / Bentan sain, yw bontin Siôn*, ib. 957 (261.1–3) *Mae Ifan, fulfran foelfrith ... / ... / Dirym moelrhon, drem milrhith*. Ceir y trawiad *milrhith / moelrhawn* yn llau. 5–6 isod.

5 **dygnith** Ni restrir y ffurf yn GPC, ond gw. G 417. Deellir yma'r rhgdd. cryfhaol *dy-* + bôn y f. *cnithio* 'taro, ergydio', &c., neu 'tynnu (gwallt, &c.), plicio, cipio', &c., gw. GPC 520.

6 **gwyrdd** Sef y gwisgoedd gwyrddion a roddai'r noddwyr i'r beirdd; gw. BaTh 158.

7 **tresglfwch** Ar yr ystyr debygol 'crachlyd, cramennog', gw. yr ymdriniaeth â *foch tresgl* mewn dychan o waith Trahaearn Brydydd Mawr yn GGDT 14.5n. Cf. isod ll. 41 *tresgl gynnif.*

9 **iwdbren** Cyfuniad o *iwd* 'uwd' + *pren*. Nis rhestrir yn GPC ond cf. *iwdlif*, ll. 45 isod. Ceir enghreifftiau o *uwtffon* o'r 17g. ymlaen (slipiau Geiriadur Prifysgol Cymru), a cheid *pren uwd* ar lafar yn sir Benfro, *ib.* 2874 d.g. *pren*.

10 **meilglog** Cyfuniad o *mail* + *clog* 'clogyn'. Gall *mail* fod naill ai'n ffurf ar yr a. *moel*—cf. H.Wydd. *mail*, *maél*, gw. GPC 2474–5 d.g. *moel¹*— neu, yn fwy tebygol, yn fôn y f. *meilio* 'treulio (am ddefnydd)', er na cheir enghraifft gynnar o'r f. Arferid sôn am 'ddilledyn yn meilio' ar lafar yng Ngheredigion, *ib.* 2409.

12 **bri cynhingi** Llsgr. B *vri kynnhingi*. Diwygir er mwyn cynnal y cymeriad *br-* yn yr englyn hwn. Yn GPC 788 rhoddir yr ystyr 'ci sy'n cythru neu'n cipio, ci sy'n darnio' i *cynhingi* (yr unig enghraifft), ffurf sy'n cynnwys yr e. *cinnyn* 'dernyn, cerpyn'.

15 **ernis** Ffurf ar *ernes*, gw. GPC 1237 d.g. *ernes, ernys, ernis, ernest¹* (o'r S.C. *ernes, ernesse, ernys, ernest,* &c.).

16 **ebrllwyd** Ymddengys mai ffurf ar *ebyr* yw'r elfen gyntaf, naill ai fel ffurf l. *aber* yn yr ystyr 'llif', neu yn yr ystyr 'cnaf, dihiryn' a gynigir yn betrus yn GPC 1158 d.g. *ebyr²*, gan ei gymharu â'r gair Crn. *aber* 'gwas, cynorthwywr'. O ddeall *ebrllwyd* yn a. mewn perthynas â *cornwyd* gellir cynnig bod yr anaf hwnnw'n diferu'n llwyd (neu frown); cf. *grych naint ei grach* yn ll. 112 isod, a'r dehongliad o *ebyr* fel 'llifoedd o waed' yn GIG 315 (XXIII.11n), lle y bwrir amheuaeth ar *ebyr²* GPC.

wybrllys Bôn y f. *wybro, wybran* 'crwydro' (yn llythrennol 'symud fel cwmwl') + *llys*. Gw. GMB 17.52n, a cf. Llsgr R. Morris 171 *ond gwedi ini wubro a cherdded a chwilio* (carol gwirod).

17 **crychwarn** Llsgr. B *crychwan*. Diwygir er mwyn yr odl â *cyllestrgarn* (cf. uchod 2.15 *Cyllestr ei wegil*). Cyfuniad o *crych* + *gwarn* sef, mae'n debyg, 'bacsau' neu'r hirflew ar egwydydd ceffyl neu anifail arall; gw. GPC 1585 d.g. *gwarn*, G 182 d.g. *crych*. Cf. ll. 108 isod a GC 11.9.

19 **hengaul** Cyfuniad o *hen* + *caul* 'cywair llaeth, cyweirdeb', &c. Gthg. GPC 1852, lle yr ystyrir yr enghraifft hon yn a. 'wedi hen geulo', gan ddeall yr ail elfen yn fôn y f. *ceulo*.

hungos 'Cosi, crafu neu rwbio wrth gysgu', GPC 1924; cf., e.e., R 1270.25 *maʿr vyd cossi clafri cleu* (Madog Dwygraig).

21 **glin pres** Caled fel pres, efallai, ond gall y gair ddynodi digywilydd-dra neu hyfdra (fel S. *brazen*), gw. GPC 2876 d.g. *pres*[1], a cf. GDG[3] 366 (138.14) *Y brawd â'r prudd dafawd pres*.

23 **pwd** Gw. uchod 2.28n.

croen difrwd Cf. yn arbennig GDG[3] 412 (154.43) *Gruffudd liw deurudd difrwd*.

24 **piw** Gw. uchod 7.20n.

paeledliw 'Helmed' yw *paeled*, neu, o bosibl, 'coetan', gw. GPC 2667 d.g. *paeled*[2] a 2672 d.g. *paled*[1], *paeled*[1]. Cf. GDG[3] 287 (108.19–20) *Palmer budr, pŵl marw bidyn, / Paeled oer heb bil y din*, a gw. ymdriniaeth Thomas Parry â'r gair, *ib*. 526.

26 **Clâr** Yr enw a roddwyd ar diriogaeth arglwyddi de Clare ym Morgannwg; cf. G 143, GC 2.123n, GGDT 13.12n.

27 **maen claerwyn clêr** Ai'r ergyd yw fod Ieuan yn denu'r glêr (ofer) tuag ato (cf. *clêr betryal*, 7.16 uchod)? Ceir trawiad cynganeddol tebyg yn R 1415.10–11 *Hopkyn glaerwyn glerwyr vrenhin* (moliant Ieuan Llwyd ab y Gargam i Hopcyn ap Tomas).

29 **gwân y cân** Dengys y gynghanedd sain mai gwallus yw *Gwann y kan* llsgr. B. Er bod yr a. *gwan* yn gweddu o ran ystyr, a. arall, sef *gwân*, sydd yma, mae'n debyg. Dehonglir *gwân* yma yn ffurf ar *gwahan*, *gwahân*, a all olygu 'gwahanedig, deoledig, o'r neilltu', GPC 1556; cf. ll. 11 ... *o'th dlawd wawd wahardd*.

30 **crog lef** Cf. *cryglef* yn ll. 54, a hefyd y f. *crogleisio* 'crochleisio, crawcian' (a *crog* yn amrywiad ar *cryg*?), GPC 609; fe'i ceir yn LlA 166 (ll. 3) *ny chrogleissa llyffan*. Cymerir mai 'llef neu grawc gryg' yw ystyr *crog lef*, a ystyrir yn ddau air ar wahân er mwyn y gynghanedd â *cryglafar*, cf. G 179 d.g. *croclef*.

31 **rhasglfer** 'Meddal ei fêr', cf. *mêr mws*, ll. 18. Ar *rhasgl*, gw. uchod ll. 4n. Llai tebygol yw cyfuniad o *rhasgl* + *ber* 'coes, esgair' neu *bêr* 'picell, gwaywffon', ond gw. G 55 d.g. *bêr*. Ai'r awgrym yw fod esgyrn Ieuan yn wan, ac felly'n camu? Cf. ll. 70 *coesfoll* 'coesgam'.

32 **ystawd** Yn yr ystyr 'cyfansoddiad', neu, efallai, 'llinell o farddoniaeth'; gw. DN 128, GIG 310, a cf., e.e., *ib*. 94 (XXII.41–2) *Priffordd a gwelygordd gwawd, / Profestydd pob prif ystawd* ('Marwnad Llywelyn Goch ap Meurig Hen').

diystyr 'Anystyriol, diystyrllyd, dirmygus', &c., yw ystyr arferol y gair yn y cyfnod hwn—cf., e.e., GDG[3] 260 (95.49–50) *Dau lygad swrth yn gwrthgrif, / Diystyr wallawyr llif*. Ond nid amhosibl 'heb ystyr' yma—cf.

Bai heuyt ar englyn yw bot yndaw eirieu diystyr … yn y fersiwn ar Ramadeg Einion Offeiriad a geir yn llsgr. Bangor 1 (hanner cyntaf y 15g.), B ii (1923–5), 195.

33   **ewingwydd** Cyfuniad o *ewin* a *cwydd*, bôn y f. *cwyddo* 'cwympo', gw. G 500 d.g. *ewin*.

    awengar 'Athrylithgar, medrus', mae'n debyg, cf. G 48, GPC 241. Tybed a oes yma chwarae eironig ar ystyron *awen*: yr awen farddol ac awen(au) ceffyl (cf. *afwyn* 'awen, llinyn ffrwyn' yn ll. 35)?

35   **Cedifor** Yn G 121 d.g. *Kediuor⁶*, rhestrir yr enghraifft hon o'r enw ar wahân i'r lleill.

36   **dwp-dap** Ymadrodd o'r un math â 'dwmp-damp' neu 'ffwt-ffat', yn dynwared sŵn tebyg i guro drwm (cf. S. *dub-a-dub*); gw. GPC 1105 lle y dyfynnir y ll. hon ynghyd ag enghreifftiau mwy diweddar.

    clap Cf. ll. 95 *A'i choedgnap a'i chlap a'i chlych.* Teclyn i wneud sŵn clapio, yn rhybudd, mae'n debyg, fod yr Ieuan hwn yn dioddef o'r gwahanglwyf. Cf. R 1269.40–3 *Mab y gof glaѻrdof diuieu myn* [sic] *parchut perchen clap achodeu. vannwyl ny pharchafinneu ѻrthyt y tѻyll glevyt teu* (Madog Dwygraig), ac o'r un gerdd, *ib*. 1270.2 *keis gnap agѻna glap.* Cf. hefyd KAA² 20 (llau. 17–19) *ffustaѻ eu clappeu a wnaethant, val y gѻnaei gleivon or clevyt gwahan.*

    naper Awgrymir yn GPC 2551–2 d.g. *naper²* ei darddu o'r S.C. *naperie* 'household linen'.

37   **gwartha** Rhaid mai ffurf ydyw (er mwyn yr odl â *hirbla*) ar *gwarthaf* 'rhan uchaf, copa, pen', &c. Go brin y gall fod yn ffurf ar y f. *gwartháu*, ond gw. G 623 d.g. *?gwartha¹*.

    hur O'r S.C neu'r H.Ffr. *hure* 'cap; gwallt', GPC 1925 d.g. *hur²*. Diau mai 'gwallt' a olygir yma.

38–40 **Ieuan … Llwyd** Ai trychiad sydd yma? Os felly, y mae Ieuan Llwyd ab y Gargam yn bosibilrwydd, awdur awdl foliant a gadwyd yn Llyfr Coch Hergest, R 1415–16, i Hopcyn ap Tomas o Ynysforgan, comisiynydd y llsgr.

39   **clafrgonog** Derbynnir y cyntaf o ddau awgrym petrus G 143 d.g. *claf(y)r, clawr,* '?clafrgoesog, ?anystwyth gan glafr', gan ddeall yr ail elfen (o *cawn* 'corsennau') yn drosiadol.

41   **trosglog** Ffurf ar yr a. *trysglog* o *trwsgl.*

42   **garw ffroenarw** Tebyg mai ffurf dreigledig *carw* sydd yma, yn hytrach na'r a. *garw* a geir yn *ffroenarw.* Efallai fod yr ystyr yn goferu o'r ll. flaenorol—*tresgl gynnif / Garw*—er nad yw hynny'n angenrheidiol er mwyn esbonio'r treiglad; ac eto, nid yw treiglo e. yn feddal ar ddechrau ll. yn nodweddiadol o'r gerdd (ond cf. ll. 44n).

44 **gorun, clun** 'Twrf, trwst', &c., yw *gorun* yma yn ôl G 576, ac esbonnir *clun* naill ai fel rhan o'r goes neu 'dôl, gwaun', *ib.* 149 d.g. *clun*[1] (posibilrwydd arall yw fod *Clun* yn e. lle). Os felly, gellid aralleirio'r ll. 'Bloedd [mewn] dôl, [ei] glust a bwniaf', ond mwy naturiol yw deall y ddau air hyn, fel *clust*, yn rhannau o gorff Ieuan, a *corun* wedi ei dreiglo'n feddal.

47 **tymestl** Yn yr ystyr 'pla, haint'. Cf. BT 137 (llau. 21–7) *Blwydyn wedy hȳny ybu diruawr varwolaeth yn holl ynys brydein afreīg ar bob ryw dyn ar dymestyl hōno aladawd aneiryf or bobyl*; Ida B. Jones, 'Hafod 16 (A Mediaeval Welsh Medical Treatise)', Études vii (1955–6), 310 *Llyma eli mawrweirthawc yr hwnn a aruerir ohonaw yn erbyn amryw dymhestloed o gleuytyeu* (*c.* 1400).

prestl Yr ystyron a roddir yn GPC 2879 yw 'ffraeth, huawdl, siaradus, baldorddus; ?cyfrwys, doeth' (efallai o'r S.C. *prest* neu'n uniongyrchol o'r H.Ffr.). Digwydd mewn ystyr ddifrïol mewn dychan o waith Siôn Tudur, GST 985 (292.16) *Prestl bestl, bustl rasgl, gipgasgl gwrs.*

48 **Griffri** Yn G 589 d.g. *Griffri*[2], rhestrir yr enghraifft hon ar wahân i'r lleill. Dychenir rhywun o'r enw hwnnw gan y Mab Cryg yn R 1362–3, gan enwi'r ardal *rwng gӧy a hafren* (R 1362.36).

50 **er trofa** Ni welwyd enghraifft arall o'r ymadrodd hwn. Cymerir mai'r ystyr yw 'er gwyrdroad', h.y. 'er niwed i'.

51 **y Clif** E. lle, mae'n debyg, fel yr awgrymir yn G 147, lle y cymherir y gair â'r S. *cleve, cleeve* 'clogwyn'. Tybed nad Clifford (neu Lanfair y Bryn) a olygir, man sydd bellach yn swydd Henffordd (gw. ETG 159)? Yng ngoleuni'r ymadrodd *cleifion y Clif*, gall fod yn arwyddocaol fod y Brodyr Duon wedi sefydlu priordy yno; cf. F.G. Cowley, *The Monastic Order in South Wales 1066–1349* (Cardiff, 1977), 204: 'By the beginning of the fourteenth century, the entertainment of Welsh guests was straining the nerves and the purse-strings of the priors of a number of the border houses of south-east Wales. In sanctioning an appropriation to the impoverished priory of Clifford in 1331, the bishop referred to the priory as "situated in the lower parts of Wales where daily a multitude of Welshmen come together to whom hospitality cannot be denied without great risk".' *Cliffordd* yw'r ffurf gan Guto'r Glyn, GGl[2] 219 (LXXXIII.12) *Swydd Henffordd, Cliffordd a'r Clas.*

52 **rhydieuaf** Llsgr. B *ryt ieuaf*. Fe'i deellir yn gyfuniad o *rhydiau* a *haf*, h.y. rhydau hawdd eu croesi gan fod llif yr afonydd yn isel; cf. Rhyd-yr-haf ger Llanffwyst ym Mynwy (EANC 118). Y mae'n ffurf gyfansawdd anghyffredin, ond hynny, ac nid *rhydiau haf*, a awgryma'r gynghanedd; cf., efallai, *Gorffennaf* o ?*gorffen* + *haf*, gw. GPC 1483. Anodd yw gweld sut y gall *rhyd ieuaf* fod yn e. lle.

53 **dibluf** H.y. di-wallt? Cf. W. Salesbury: LlM 102 (llau. 19–20) *a myned yn walltach gwyn diflaenedig neu bluenne*.

55 **cwllflif** *Cwll* 'bol' + *blif* sef catapwlt neu drawst rhyfel (*'battering-ram'*); h.y. gymaint â (/wedi ei ymestyn fel) blif, neu yn taflu (i fyny) fel blif? Ceir delwedd debyg, yn ôl pob golwg, yn 7.42 *rech ysbringal* ac 8.19 *Gwarag ysbringal*.

56 **hulgnaf** Unig enghraifft. Awgrymir yn GPC 1910 mai'r elfen gyntaf yw'r *hul* a welir yn *hulyn*[2] 'ffŵl', gan gymharu'r defnydd difrïol o *cadach* a *gwlanen*; cf. hefyd ffurfiau fel *hulach, hulbo, hulbost*.

57 **Colledig fydd ...** Cymerir mai'r brif frawddeg yw *Colledig fydd ... Astrus anafus o nef* (neu, o bosibl, *Colledig fydd ... o nef*) a bod gweddill yr englyn ar ffurf sangiad estynedig; cf. 5.9–12 uchod.

caill crydd cryf Cf. uchod 2.13 *ceillau hen bannor*.

59 **estrawn dawn** Yn llythrennol, 'dyn diarth i ddawn'; cf. ll. 104 *Dawn estrawn*. Yng nghyd-destun yr englyn gallai *dawn* olygu 'bendith (Duw)' yn hytrach na 'rhodd'.

61 **meddydd** Yng Nghyfraith Hywel, y meddydd oedd y gwneuthurwr medd yn llys y brenin, ond tebyg mai 'meddwyn' yw'r ystyr yma; gw. GPC 2400 d.g. *meddydd*[1] a cf. GLlBH 19.38n (Llywelyn Ddu ab y Pastard).

63 **serfyll** 'Simsan, ansad ... gwamal, anwadal', &c. (o'r Llad. *sorbilis*), GPC 3230. Dyma'r enghraifft gynharaf.

64 **secr** 'Sgwarog' (o'r S.C. *cheker*), fel e. yma, brethyn sgwarog neu amryliw, gw. GPC 3271 d.g. *siecr, sec(e)r, siecer*. Cf. GDG[3] 372 (141.27) *Heusor mewn secr yn cecru*, a gw. *ib*. 543.

65 **pellen** Mewn ystyr debyg i 'talp' yma, mae'n debyg, gw. GPC 2724. Digwydd yn LlA 37 (ll. 21) yn drosiad o'r Llad. *massa: velle ybu adaf yn bellen lygredic*.

67 **darn** Ymddengys mai eb. ydyw yma, cf. GPC 896.

71 **gormes** Yn ogystal â 'gorthrwm, trais', &c., gall olygu 'gorthrymwr, gelyn' neu 'difäwr, yswr, person neu anifail gwancus', ac fe'i defnyddir hefyd am rywun anferth o gorff, gw. GPC 1491. Awgryma'r treiglad i *clafres*, fodd bynnag, fod iddo rym a. yma, a chymerir felly mai 'clafres ormesol' yw ystyr *gormes glafres* (cf. y cyfuniadau *cŵn gormes, gwenynen ormes*, *ib*. 1492).

72 **diffydd** 'Di-ffydd, digrefydd'. Cf. uchod 6.98 *Lle anghredadun bun ben gyrnig*.

73 **enyngroen** Bôn y f. *ennyn* yw'r elfen gyntaf, yn yr ystyr 'dioddef enynfa neu losgfa', gw. GPC 1224 d.g. *enynnaf: ennyn*, a d.g. *enynfa*.

74 **aniangrawn** Cyfuniad o *anian* a *crawn* 'gôr': 'crawnllyd (ei natur)'. 'Gôr, crawn, madredd' yw dehongliad GPC 130 ond 'cribddail' yw cynnig G 30, sy'n ystyr bosibl ond llai tebygol yng nghyd-destun yr englyn.

76 **pan fo'r** Cywesgir *pan uo yr*, llsgr. B, er mwyn hyd y ll.

77 **yw dy genedl** Cymerir mai coed yw a olygir, ac mai cenedl Ieuan yw'r geifr y cyfeiriwyd atynt yn yr englyn blaenorol. Cf. cywydd Gruffudd Gryg i'r ywen uwchben bedd Dafydd ap Gwilym, GDG³ 429 (llau. 27–8) *Geifre ni'th lwgr, nac afrad, / Dy dwf yng ngwedre dy dad.*

   ennill I'w ddeall, efallai, yn yr ystyr 'meddiannu (dinas, caer, &c.) drwy rym arfau', GPC 1216.

78 **ymarfoll** 'Cynghreirio, ymgynghreirio, ymgyfamodi' yw'r ystyron cyffredin, gw. GBF 18.22n a DrOC 260.

79 **hydarf hegar** 'Sy'n codi ofn (neu'n tarfu) ar rai hawddgar'. Ffurf ar *hygar* yw *hegar*, gw. GPC 1964.

80 **hyfagl** 'Wedi ei ystaenio; brycheulyd' (*hy-* + *magl* o'r Llad. *macula* 'ystaen'), GPC 1959. Cf. R 1274.7–8 *gỽrach hyuagyl vleϭ sϭagyl vlin* (Madog Dwygraig).

   hogl Digwydd yn ffigurol mewn dychan am rywun trwsgl neu afrosgo—cf. yr e. *Herstin Hogl*, gw. GIG 365 (XXXVI.11n)—ond tebyg mai un o'r prif ystyron sydd yma, sef 'adeilad chwithig ei gynllun neu adfeiliedig ei gyflwr', &c., neu 'twlc, sièd, hofel, lloches neu gysgodfa (a'i hochrau'n agored) i wartheg, &c., i lechu rhag y tes neu rhag tywydd garw', GPC 1888. Dichon mai lloches geifr a olygir yn y fan hon.

81 **nid gwad** Gw. uchod 5.8n.

82 **ysgal, dân esgyll** Llsgr. B *ysgaldan esgyll*. Annhebyg mai ffurf ar y f. *ysgaldio* neu *ysgaldanu* (o'r S. *scald*) sydd yma (i'r 16g. y perthyn yr enghreifftiau cynharaf yn ôl slipiau Geiriadur Prifysgol Cymru). Un posibilrwydd yw *ysgâl* + *dân*, ag *ysgâl* yn golygu 'ffiol, cawg, cwpan', &c. (o'r S. *scale*), cf. GLlBH 17.12 *Ysgâl o lyn cagal coed* ('Cwyn mynach o fynachlog Cymer'); ar *ysgâl* gw. hefyd GIG 354 (XXXIII.30n). Mwy ystyrlon, fodd bynnag, yw rhannu *ysgaldan* yn ddau air—a rydd gynghanedd sain gadwynog (neu draws)—a deall *ysgal* yn gyfuniad o fôn y f. *ysu* 'cosi' a *cal*. Cymerir bod *dân esgyll* yn ddisgrifiad o'r llosgfa glafrllyd yn ystlysau Ieuan.

83 **un rin an-rull** Dyma raniad y geiriau yn llsgr. B. Gellid darllen *unrin anrull* (cf. R 1317.27 *vnrϭysc*), ond ymddengys hynny'n fwy chwithig. Y mae aceniad y gair *an-rull* yn anghyffredin, ond cf. GIG 144 (XXXII.49) *Sain gŵydd gloff an-hoff yn ŷd.*

85 **cnwc** Anodd penderfynu rhwng *cnwc*[1] 'cnoc, ergyd, llach' (o'r S.C. *knocke, knok*) a *cnwc*[2] 'chwydd, clap, cornwyd', &c. (o'r H.Wydd. *cnocc* 'bryn; lwmp neu friw chwyddedig'), GPC 522. Rhestrir yr enghraifft hon dan yr ystyr gyntaf, a thebyg mai'r ystyr honno sy'n gweddu orau gyda *cnocell* 'trawiad, ergyd, dyrnod ysgafn', &c. (cf. uchod 8.6); ni chofnodir enghraifft o'r ail ystyr hyd yr 16g.

86 **gafrawr** Cymerir bod *gayfra6r* llsgr. B yn wall am *gafyra6r* (cf. G 518 d.g. *gaf(y)r*), er bod *geifrawr* yn bosibilrwydd hefyd. Deellir *gawr* yn yr ystyr 'llu (bloeddfawr)', gw. GPC 1386 d.g. *gawr*[1].

87 **wythfrawd** Llsgr. B *6ytha6tha6t*, a ll. drwy'r pedair llythyren olaf. Rhydd y diwygiad petrus hwn gymeriad go gryf â *boethffrec* yn y ll. nesaf, gan gynnal y cymeriad llafarog ar ddechrau llau. 87–8.

llaeswawd Unig enghraifft. Awgrymir yr ystyr '?cerdd hir neu fasweddol' yn GPC 2082, ond gellir ei ddeall yn a. 'masweddus eu cân'. Gweddai'r ystyron 'gwasaidd' a 'trist' yn ogystal.

88 **poethffrec nyth** 'Clep, cleger, baldordd, gwag-siarad, gwagedd' yw'r ystyron a roddir i *ffrec, ffreg* yn GPC 1312 (?o'r S. *freak* 'caprice, whim, vagary'). Cf. GDG[3] 76 (26.29) *Uchel ei ffrec mewn decoed* (am y dylluan). Cymerir bod *nyth* yn drosiad am gartref neu 'hogl' Ieuan a'i frodyr; ceir yr un ddelwedd uchod 6.66 am gartref Addaf Eurych.

cnuch Newidir sillafiad llsgr. B, *gnych*, gan fod yr odl broest -*ych* yn digwydd yn ll. gyntaf yr englyn; rhestrir y ddwy ffurf yn GPC 522 d.g. *cnuch, cnych* (ceir yr olaf yn 3.11 uchod).

89 **Dannedd-dunych** Deellir y ddau air yn lasenw ar fam Ieuan, yn hytrach nag yn ddisgrifiad o'r 'etifedd' ei hun.

91 **mab ab ebwch** Cf. uchod 5.1 *mab gwrab girad*. Tybed a oes yma awgrym chwareus o'r (*f*)*ab* a geir mewn enwau personol?

92 **Clarod o'i chod a'i chadach** Llsgr. B *clarot oe chot aechadach*. Yn ôl G 143, *clarot* yw'r ffurf, ac fe'i dilynir yn GPC 490 lle y rhoddir hon yn unig enghraifft â'r ystyr '?baw, bryntni, llaid' (?o'r S. tafodieithol *clart* 'llaid, baw'). Ond dengys y gynghanedd sain yn glir mai *chod* (ac nid *chot / chôt*) sydd yma, i gyflythrennu â *chadach*, ac mai *clarod*, felly, yw'r ffurf. Naturiol ddigon wrth fenthyca o'r S. fyddai meddalu'r *t* yn *d*.

93 **rhau** Gw. uchod 3.8n. Y mae'r rhestr o feddiannau distadl y fam yn llau. 93–100, â'r cymeriad geiriol *a'i*, yn debyg i ddisgrifiad Iolo Goch o waddol y wrach Herstin Hogl yn GIG 163 (XXXVI.91–100).

96 **cawdel** O'r S. *caudle* '*a warm drink; thin gruel*'. Tebyg mai 'diod gynnes megis grual i gleifion neu win a brag wedi eu sbeisio' a olygir, yn hytrach na 'cymysgedd, cybolfa', &c., gw. GPC 442 d.g. *cawdel*,

cowdel. Cf. R 1335.26 *sorel llanó kaódel keudy* (Gruffudd ap Mared-udd).

97 **a'i rhuch** Llsgr. B *ae rech*, ond ceir yr odl *-ech* yn ll. 99 yn yr un englyn, a chafwyd *a'i rhech* eisoes yn ll. 93. Y ddau bosibilrwydd yw *rhuch* a *rhoch*. Gan nad oes gyfeiriad arall at wisg y fam, diau mai *rhuch* 'clogyn garw' sydd orau, gw. GPC 3107 d.g. *rhuwch*[1], *rhuch*.

99 **seigfren** Cyfuniad o *saig* + ?*bren*, cf. *breinig* 'wedi braenu, pydredig', neu *brynnig* 'drewllyd'?

101 **anaf** Fel a. 'gwrthodedig'; cf. LlA 76 (llau. 25–6) *Ymein ereill garó hep gaboli auu anaf gann ypenssaer* (Llad. *sunt reprobati*).

102 **cingroen** 'Llysieuyn ffyngaidd drewllyd tebyg i gaws llyffant ... weithiau'n *ffig.* am ddyhiryn, peth atgas, &c.', GPC 482; dyma'r enghraifft gynharaf. Deellir *Gengraf ... Gingroen*, gan ystyried *claf anaf anach* yn sangiad.

103 **nid fflŵr ei ffluch** Petrus yw'r aralleiriad 'nid dewisbeth mo'i fwng'. Dyma'r enghraifft gynharaf a rydd GPC d.g *fflŵr*[2], *fflowr*: 'blodau, blodeuyn; dewisbeth, goreubeth', GPC 1298. Gellid dehongli darlleniad llsgr. B fel *nid fflwr y ffluch*, ond anodd gweld beth arall y gallai *ffluch* ei olygu ac eithrio 'gwallt' (gw. *ib.* d.g. *ffluwch*[1], *ffluch*). Tybed a oes yma chwarae ar yr ymadrodd *fflŵr-dy-lis* a ddefnyddid yn derm moliant? Gw. *ib.*, a cf., e.e., GDG 37 (13.117).

105 **gwiril** Math o bryfyn, mae'n debyg, gw. GPC 1668 (ni roddir tarddiad) a cf. R 1362.19–21 *Hengot vynghóegyr róng hengist athil athylleu góiril. ynygóarac* (y Mab Cryg). Cf., efallai, y ffurfiau *gwyring, gwyryng, gwyrin, gwyrn* 'math o lyngyr neu bryfed ... sy'n magu yn ymysgaroedd ceffylau ...; larfa math cytras o wybed ... sy'n deor ac yn troi'n gynrhon yn y corff ac yn symud i gefnau gwartheg gan ffurfio clapiau cornwydlyd a thyllu'r croen wrth ddianc allan, gweryd (gelwir hwy yn "gwerfilod" neu "whilod cefen da" mewn parthau o Gered.) ...', GPC 1785. Tybed, felly, nad ffurf ar *gwerfil* yw *gwiril*, a gysylltir yn benodol â'r gwegil yn y ll. hon? Cf. ymhellach y ffurf gysylltiedig *gweryn* 'pryf gweryd', ac yn arbennig ML ii, 171 *ond wfft, a dwbl wfft, i'r gweryn rheini sydd yn magu rhwng eich ysgwyddau!* (gw. GPC 1649 d.g. *gweryn*[2]).

106 **penguch** Rhaid diwygio *benngóch* llsgr. B gan y ceir yr odl *-wch* yn ll. olaf yr englyn hwn.

107 **gwern** Nid y goeden, mae'n debyg, ond cors, a gysylltir mor aml ag uffern ym marddoniaeth y cyfnod; gw. yr enghreifftiau a ddyfynnir yn GPC 1645 (a hon yn eu plith). Â'r ll. hon, cf. yn arbennig R 1335.45 *wern gern gaduc* (Gruffudd ap Maredudd).

diern   Unig enghraifft. 'Diernes, diŵystl' (*di-* + *ern* 'ernes'), yn ôl G 336. Mewn perthynas â chors a ellir ystyr debyg i 'anwadal, di-ddal' (h.y. diernes, disicrwydd)?

109 **bonoch**   Dilynir awgrym petrus G 70 d.g. *bôn*², sef 'rhech' (*bôn* 'tin' + *och* 'ochenaid'); cf. *bonrech* yn 7.21 uchod. Ond cf. hefyd *monochen*, a restrir yn GPC 2483 fel gair geiriadurol yn golygu 'perfedd; sosej, selsig, enw ar wahanol fathau o bwdin (e.e. pwdin gwaed)'; TW (1604–7) biau'r cofnod cynharaf. Nodir mai ansicr yw perthynas y ffurf sydd dan sylw yma, ac er bod yr ystyron uchod yn gweddu, mwy diogel yw derbyn awgrym Lloyd-Jones.

110 **molog**   'Llawn môl, crawn gwyn, neu grest (yn enw. am y llygaid)', GPC 2482 d.g. *molog*¹.

moel ddosog ddisech   Deellir *moel* yn eb. yn golygu 'pen moel' (cf. GPC 2475 d.g. *moel*¹—er na roddir yr union ystyr honno), a ddisgrifir gan yr a. *dosog* 'diferol, chwyslyd' a *disech*, ffurf f. *disych* 'gwlyb'.

111 **gwedd**   Fel y sylwa Lloyd-Jones, G 641 d.g. *gweδ*¹, ymddengys fod yr ystyr 'gwedd dda, harddwch, tegwch, gweddeiddrwydd' mewn rhai enghreifftiau. Â'r ll. hon cf. yn arbennig GGDT 7.55 *Nad oes wedd na moes masw Ynyd—i'n gwlad* (Gwilym Ddu o Arfon), a aralleirir 'Nad oes drefn nac arfer llon …'. Rhoddai *Mae'r gwedd* gryfach cymeriad â dechrau'r ll. nesaf.

112 **Mor ddifraint grych naint ei grach**   Cf. diweddglo cerdd 7 uchod, ll.52 *Ei grest ni tholied, i Grist ni thâl.*

10

Y mae'r hanes annhebygol a adroddir yma, ynghylch y modd y cafodd yr Einion hwn ei lysenw, yn dwyn i gof draddodiad y cyff clêr y ceir tystiolaeth bendant amdano o'r bymthegfed ganrif ymlaen. Yn ôl rheolau'r ddefod honno, a gysylltid yn arbennig â neithiorau hwyliog ac â gŵyl y Nadolig, byddai pencerdd yn caniatáu i feirdd is eu gradd ei destunio, sef ei ddychanu ar englynion ar sail cyhuddiad a oedd, yn amlwg, yn rhy chwerthinllyd i fod yn wir. Byddai disgwyl iddo yntau ateb y celwydd golau drannoeth â'i gerdd ei hun.[1]

O ran y fydryddiaeth, ceir cyfuniad anghyffredin o dri englyn unodl union, englyn proest, a phennill clo digon rhyfedd sy'n rhyw lun ar englyn. Y mae'r esgyll yn y pennill hwn yn rhy hir o lawer, a llac yw'r cynganeddiad a dweud y lleiaf; ond diau fod hynny'n rhan o'r digrifwch wrth i'r celwydd

---

[1] Trafodais yr arfer hwn yn DGIA 47–9, gan awgrymu y gallai fod ynghlwm wrth amryw o gerddi dychan y Llyfr Coch. Gw. hefyd Jerry Hunter, 'Cyd-destunoli Ymrysonau'r Cywyddwyr: Golwg ar "Yr Ysbaddiad Barddol"', *Dwned*, iii (1997), 33–52.

golau gyrraedd uchafbwynt ffarsaidd gyda champau epil Einion. Yng ngweddill y gerdd y gynghanedd sain sydd fwyaf amlwg, ac yn llinell 5 y ceir yr unig gynghanedd gwbl bengoll.

1 **llysenw** Cf. GP 43 (llau. 1–3) *Deu ryw henw priawt ysyd, nyt amgen, henw bedyd, a llysshenw; henw bedyd, val y mae* Madoc; *llysshenw, val y mae* Madyn.

3 **dogy** Awgryma Lloyd-Jones yn G 385 mai gwall am *dog(y)n* yw *dogy* llsgr. B, a'r un yw ei ddiwygiad (yn llai petrus) i'r ffurf hon mewn dychan o waith y Mab Cryg, R 1362.39–40 *Eurgaduc can duc ydogy g6ada6tseic yr oreu karwreic ynd6yn corrwrysc.* Oni allai'r gair fod yn fenthyciad o'r S.C. *dogge* (ceir *cabylgi c6bylgas* ychydig linellau ynghynt yn nychan y Mab Cryg, R 1362.35)? O *c.* 1325 y daw'r enghraifft gynharaf a gofnodir yn OED[2] o ddefnyddio *dogge* yn ddifrïol am berson. Yn ôl GPC 1072, benthyciad diweddar yw *dog* (o'r S. *dog*), ac un o'r ystyron yw 'creadur o ddyn ystyfnig, mileinig neu sarrug'; ond cf. yr a. *dogaidd, ib.,* 'maleisus, sbeitlyd, taeogaidd; gwyllt, ffyrnig', a ddefnyddir gan Dudur Penllyn yn y 15g., GTP 51 (29.61–2) *Draenogaidd, ddogaidd ddygiad,—gwaedogaidd, / Draenogaidd, ddogaidd, lwynogaidd wlad.* Ffurfia *Dogy llaes* gymeriad cynganeddol cywrain â *Dug y llysenw.*

4 **Einiawn** Dychenir rhywun o'r un enw yng ngherdd 7 uchod.

5 **llaes oedd** Llsgr. B *llaesoed.* Ceid cryfach cynghanedd pe deellid *llaesoedd,* y gellid ei ddehongli'n ffurf 3 un.grff.myn. y f. *llaesu* (gydag *-oedd* yn amrywiad ar *-odd,* gw. GPC 2623 d.g. *-oedd*[2]), ond ni rydd hynny ystyr foddhaol.

14 **coly** Ffurf ar *col* 'tyfiant pigog ar flaenau gronynnau haidd a cheirch', &c., gw. GPC 542 d.g. *col*[1], *coly, cola.* Cf. dychan Casnodyn i Dra-haearn Brydydd Mawr, GC 11.23 *Boly coly ceuffwrn.*

17 **cano** Ymddengys yn ffurf ddib. ar y f. *canu,* ond y f. *geni* a awgrymir gan y cyd-destun, a'r *g* wedi ei chaledu'n *c* er mwyn y gynghanedd â *canys.* Cymerir mai ffurf 3 un.pres.dib. *geni* sydd yma—yn ôl G 527 d.g. *geni,* ceir ffurf 1. *ganont,* efallai, yn R 1054.6. Gellid diwygio yn *gano,* ond difethid hynny o gynghanedd sydd yn y ll., ac eto, llac iawn yw cynganeddiad y pennill drwyddo draw.

18 **Caul y Pulo** Tywyll yw ffurfiant y llysenw hwn, oni bai fod *pulo* yn gyfuniad o *piw* 'cadair neu bwrs buwch' (cf. uchod 7.20n) a *llo.* Ai llysenw sydd yn R 1360.8 *Mab g6rechyn y pi6 a nei r pi gan ienkyn* (Dafydd y Coed)? Ond ebol a ddisgwylid, nid llo!

19 **hwmrws** Unig enghraifft. Ffurf 3 un.grff.myn. y f. **hwmru* 'hwmian, galw'n isel' (?cf. S. tafodieithol (*to*) *hummer* '*to hum, murmur, make a low rumbling noise*'), GPC 1930 d.g. *hwmraf: *hwmru.*

Tprwo Ceir amryw o ffurfiau ar y gair hwn, a ddefnyddid fel arfer yn alwad er mwyn gyrru neu stopio gwartheg. Gw. GPC 2914 d.g. *prwy*[1], *p(t)rw*, &c., lle y cymherir yr alwad S. gyfatebol *proo*; cf. hefyd *prwdi*, *ib.*, a cheir *tprwy* a *trwdi* ar broflenni anghyhoeddedig Geiriadur Prifysgol Cymru. Ond gwelir mai enw ar fuwch yn hytrach na galwad yw *Tprwo* yma, perchennog y *llost* neu'r gynffon a grybwyllir yn ll. 20. Tebyg mai enw yw *Tprue* hefyd yn nychan Madog Dwygraig sy'n cychwyn: *Tprue loe lo leuaƀc y gynffon* ... (R 1277.25). Ymddengys fod *Tprue* neu *Tprwo* druan yn gyff gwawd cyfarwydd i gynulleidfa'r cyfnod; nid annichon mai cyfeiriad at lo melltigedig Madog Dwygraig sydd yn y gerdd hon.

11

Fel y gerdd flaenorol, y mae rhywfaint o ysbryd cellwair ynglŷn â'r englynion hyn. Yr honiad yn y tri englyn cyntaf yw mai lleidr o fardd yw'r Llywelyn hwn, gan ei fod ef a'i 'bobl'—sef y cwmni o glerwyr, yn ôl pob golwg, a'i ddilynai o lys i lys—yn mynnu gormod o wobr am eu mawl. Cefnogir yr honiad gan y sawl sy'n athro barddol ar awdur yr englynion hyn a'i gymheiriaid (llau. 5–6). Yn yr englyn olaf gwneir cyhuddiad mwy penodol, sef iddo ddwyn ych, ac y mae'r ffaith fod y bardd fel petai'n cyfarch ei gynulleidfa fel pe'n annerch rheithgor mewn llys barn (os cywir y dehongliad) yn sicr yn dwyn i gof ddefodaeth ryfedd y cyff clêr. Â'r cwestiwn *Ai gwir* ... gellir cymharu'r dernyn a gadwyd ar ymyl y ddalen yn Llawysgrif Hendregadredd yn dychanu rhyw Ieuan, sef Ieuan Llwyd o Enau'r Glyn, mae'n debyg:

> Gwir, gwir, gwir meddir, gwir meddan'—y byd,
> Â'i biden ffroenllydan,
> Gwir, nos fu cyn Gŵyl Ann,
> Gwir â chaly hir gwir Ieuan.

Yn dilyn yr englyn ceir yr esboniad: *Gwir—i ni, corff yr arglwydd a aberthwyd—ei chyrchu hyd yr ystafell yn yr ardd ac yno Ieuan hyd ei ddwygaill,*[1] nad yw'n annhebyg i 'destunau' anllad rhai o'r englynion cyff clêr a gadwyd o gyfnod diweddarach.

Yn ôl y trydydd englyn, byddai Llywelyn yn ceisio nawdd ym Meddyfnych yn ardal Llandybïe, ac, fel y dengys y nodyn isod, bu Llywelyn Goch ap Meurig Hen yntau yn ymweld â llys yn yr un ardal tua diwedd y bedwaredd ganrif ar ddeg. Rhy fentrus, yn sicr, fyddai ei uniaethu â gwrthrych y gerdd hon, ond yng ngoleuni'r disgrifiad *felyn filwr* yn llinell 1 y mae'n werth nodi i Lywelyn Goch dreulio cyfnod yn y fyddin yn ystod

---

[1] GLlBH cerdd 16.

pedwardegau'r ganrif.[2] Y gynghanedd sain sydd flaenaf yn yr englynion unodl union hyn, ac y mae tair o'r rheini'n bengoll (llau. 1, 3 a 15).

1 **Lywelyn, felyn filwr**   A ddylid darllen *Llywelyn* er mwyn y cymeriad llythrennol *ll-* yn yr englyn hwn? Tebyg mai 'milwr penfelyn' a olygir; i'r 16g. y perthyn yr enghreifftiau cynharaf yn GPC 2422 o'r ystyr 'o liw melyn gwrthun (yn enw. am angau wedi ei bersonoli), marwol, anghymodlon, annymunol'.

   cyfod   Ffurf 2 un.grch. y f. *cyfodi* yn ôl G 212 (gan ddeall, felly, mae'n debyg, *parch / Lliw morfarch* …). Ymddengys hynny'n chwithig, yn enwedig am mai yn y trydydd person y cyfeirir at Lywelyn yng ngweddill y gerdd (ond cf. y cyfeiriad at lys barn yn ll. 13). Gwell, efallai, ei ystyried yn e. yn golygu 'cyfog' neu 'carthiad', gw. GPC 707 d.g. *cyfod*[1], a cf., e.e., MM 16 (ll. 13) *O gyuot a llynn a llosgeu y gɓaredir* (14g.).

3 **cyfnod**   Yr ystyr 'lle penodedig neu benodol' sy'n gweddu orau yma, gw. GPC 705.

5 **ein athro**   Cyfeiriad at athro barddol, mae'n debyg.

6 **ni eithr**   Dyma'r unig enghraifft a restrir yn GPC 1203 d.g. *eithriaf*, *eithraf* dan yr ystyr 'deol, cau allan, gwrthladd; gwrthbrofi, gwadu'.

8 **dros**   Diwygir *tros* llsgr. B er mwyn y gynghanedd â *draws*. Am yr ystyr '(yn gyfnewid) am', gw. GMW 210–11.

9 **rhydyn**   Cyfuniad o *rhy* + *tyn* 'croes, sarrug, ffyrnig', &c.

10 **Meddyfnych**   Enw ar faenor ar lannau Afon Llwchwr ym mhlwyf Llandybïe; gw. ymdriniaeth Ifor Williams yn B vii (1933–5), 369–70, a D. Jenkins ac M. Owen, 'The Welsh Marginalia in the Lichfield Gospels. Part I', CMCS v (Summer 1983), 54. Cf. GLlG 6.23–4 *Dieres goethynt dros Gothi,—Dulas / I Feddyfnych blas heb fodd ofni* ('Moliant Hopcyn ap Tomas o Ynysforgan').

11 **trafn**   Yn yr ystyr 'arglwydd, arweinydd, pennaeth', gw. GDG³ 546.

   ongyr drych   Ar *ongyr* 'gwaywffon', gw. uchod 1.3n. Diau fod yma adlais eironig o'r canu mawl; cf. marwnad Cynddelw i Gadwallon ap Madog, GCBM i, 21.197–8 *Tri eryr ongyr angertolyon, / Tri chyurin a thrin ac a thrychon*. Cymerir mai bôn y f. *trychu* yw'r ail air, yn yr ystyr 'torri (i lawr)' neu 'clwyfo, anafu'; cf., e.e., YCM² 61 (llau. 13–14) *da iawn y trycha vyg kledyf i*.

13 **gywrych brofle**   'Lys barn [llawn] cynnwrf'. Awgryma'r treiglad i *cywrych* fod y bardd yn cyfarch y llys barn; ai cynulleidfa'r neuadd lle y

---

² Gw. GLlG 3.

datgenid y gerdd? Ynteu a honnir bod y Llywelyn hwn ar herw '[rhag] cywrych brofle'?

14 **Merfyn Frych** Gw. uchod 1.13n.

15 **cymod clod** Anodd yw dirnad beth yw ergyd yr ymadrodd hwn. Cf. *cyfod—parch* yn ll. 1?

16 **camel dawn uchel** Ceir yr un ddelwedd yn nychan Casnodyn i Drahaearn Brydydd Mawr, GC 11.49 *Camel min uchel, mynycharch— gribddail*, a chynigir, *ib.* 159, mai hunanbwysigrwydd a awgrymir; cf. D. Myrddin Lloyd, GWL ii, 43. 'Balch neu drahaus ei anian' yw *dawn uchel*—cf., e.e., GDB 35.35 *Y gŵr gŵrd uchel* (Dafydd Benfras); ceir *dawn* yn golygu 'natur' neu 'anian' yn GDG³ 373 (141.49) *Ni wnaf yn erbyn fy nawn.*

Mynegai

gwdengrog 8.4
gwedd 8.8n, 9.111n
gweddu: gweddai 7.7n, 9
gweddwaidd 8.9
gwegilfan 8.29n
gweinial 7.8n, 38
gwelyddyn 8.2n
gwelygach 8.13n
gwenwyngaul 8.32
gwêr 8.10, 9.106
gweren 8.49
gwerin 8.23
gwern 9.107n
gwerog 8.24
gwers 8.27n
gwersyll 8.27
gwestai 8.15n
gwiber 8.10
gwiddon 8.5
gwilers 8.3n
gwilffrai 10.16
gwirddawn 9.6
gwiril 9.105n
gwirod: gwirodau 8.7
gwladaidd 8.44
gwlf 8.4n
gwrab 8.25
gwrthfun 8.33n
gwrw 7.25n
gwydius 7.48
gŵydd 8.7n (a gw. gwyddiad,
   alŵydd)
Gwyddel 8.5n
gwyddfid 8.50
gwyddiad 8.11n
gwylltbla 9.3n
gwylltgi 9.66
gwyrdd 9.6n
gwyrgul 8.21
hafr 9.2n heifr 9.76
haidd 8.43
hegar 9.79n
heifr gw. hafr

hengaul 9.19n
herlod 9.13
hersur 7.40n
hirbla 9.37
hoelgnap 9.56
hog 8.4n
hogl 9.80n
horog 8.24
horsal 7.40n
hoywal 7.11
hoywlith 11.3
hudol: hudolion 7.41
hulgnaf 9.56n
hungos 9.19n
hur 9.37n
husting-gell 8.26n
*hwmru: hwmrws 10.19n
hwyrles 9.13
hydarf 9.79n
hyfagl 9.80n
hyfefl 9.43
hyfws 7.31
hyfwth 9.2
hygagl 9.80
iadbla 9.58
ireidlyd 8.15n
isgell 8.8, 9.68
iwdbren 9.9n
iwdlif 9.45
iyrchell 8.46
lladr 8.35n
llaes 10.5n
llaeswawd 9.87n
llawr 7.5n
lledrwn 7.4n
llef 9.30n
lleiswich 9.87
lletben 8.40, 9.38
lletgern 9.107
llew 7.44
lleyg 7.48n
llindag 8.29, 10.3
llo 10.20

wybrllys 9.16n
wythfrawd 9.87n
ych 11.16
ymarfoll 9.78n
ynial 7.25
Ynyd 7.12
ysbringal 7.42n, 8.19

ysgai 8.14n
ysgal 9.82n
ysgogi: esgyg 8.12n
ysgrafell 8.32n
ysgyrnig 8.12
ystawd 9.32n
ywen: yw 9.77n

Enwau personau

Anghenell Hael 8.47n
Ariannell 8.42n
Bleddyn 8.1
Cadell 8.34n
Caul y Pulo (llysenw ar anifail) 10.18n
Cedifor 9.35n, 49
Crist 7.52
Dannedd-dunych 9.89n
Duw 7.1
Efa 7.2n
Einiawn[1] 7.6, 25

Einiawn[2] 10.4n, 6, 11, 13, 17
Griffri 9.48n
Hiriell 8.24n
Ieuan 9.1, 21, 38, 52, 82, 90
Iosedd 7.31n
Llywelyn 11.1n, 9
Melangell 8.36n
Merfyn Frych 11.14n
Pilatus 7.47n
Pyrsyfal 7.26n
Suwddas 8.54n
Tprwo (enw buwch) 10.19n

Enwau lleoedd

Bewmares 7.27n
Clâr 9.26n
Clif, y 9.51n
Cyrchell 8.53n
Dinbych 7.17
Dôl Gynwal 7.50n
Eidial, yr 7.28n
Iâl 7.32n

Maelawr 7.5n **gwlad Faelor** 8.43n
Marchwial 7.43n
Meddyfnych 11.10n
Môn 8.41
Morllwch 7.11n
Rhyd Wrial 7.30n

Llawysgrifau

Ni nodir ond y llawiau a fu'n gyfrifol am godi cerddi'r gyfrol hon. Yr wyf yn ddyledus i Mr Daniel Huws am unrhyw ddyddiadau neu wybodaeth na chrybwyllir yn y ffynonellau printiedig a nodir.

Llawysgrif Ychwanegol yn y Llyfgell Brydeinig

BL Add 15001: John Walters, cyn 1792, gw. CAMBM 1844, 61–2.

Llawysgrif yn Llyfrgell Ganolog Caerdydd

Card 4.140: Edward Davies, 1792, gw. Graham C.G. Thomas and Daniel Huws, *Summary Catalogue of the Manuscripts … Commonly Referred to as the 'Cardiff MSS'* (Aberystwyth, 1994), 332.

Llawysgrif yng nghasgliad Coleg Iesu, Rhydychen

J 111 'Llyfr Coch Hergest' [= **RWM 1**]: Hywel Fychan, *c.* 1400, gw. RWM ii, 1–29; G. Charles-Edwards, 'The Scribes of the Red Book of Hergest', Cylchg LlGC xxi (1979–80), 246–56.

Llawysgrifau yng nghasgliad Llyfrgell Genedlaethol Cymru, Aberystwyth

LlGC 1553A: Roger Morris, Coedytalwrn, 1580–1600, gw. HMNLW i, 128–9; CLC² 520.

LlGC 4973B: John Davies, Mallwyd, *c.* 1631, gw. HMNLW ii, 59.

LlGC 21287B [= **'Iolo Aneurin Williams' 1**]: Evan Evans 'Ieuan Fardd', 18g., gw. Rh.F. Roberts, 'A List of Manuscripts from the Collection of Iolo Morganwg among the Family Papers Presented by Mr. Iolo Aneurin Williams and Miss H. Ursula Williams, 1953–4' (cyfrol anghyhoeddedig, Llyfrgell Genedlaethol Cymru, 1978).

Llawysgrifau yng nghasgliad Llanstephan yn Llyfrgell Genedlaethol Cymru, Aberystwyth

Llst 133: Samuel Williams, yn gynnar yn y 18g., gw. RWM ii, 664–94; G.H. Hughes, *Iaco ab Dewi 1648–1722* (Caerdydd, 1953), 37–40.

Llst 137: David Parry, *c.* 1640, gw. RWM ii, 718–19.

Llst 147: David Parry, *c.* 1700, gw. *ib.* 726, GP xv.

Llawysgrifau yng nghasgliad Peniarth yn Llyfrgell Genedlaethol Cymru, Aberystwyth

Pen 86: Simwnt Fychan, ail hanner yr 16g., gw. RWM i, 550–6; E.J. Jones, 'Martial's Epigram on the Happy Life: Simwnt Vychan's Translation', B iii (1926–7), 290.

Pen 111: John Jones, Gellilyfdy, *c.* 1610, gw. RWM i, 664–71; N. Lloyd, 'A History of Welsh Scholarship in the First Half of the Seventeenth Century, with Special Reference to the Writings of John Jones, Gellilyfdy' (D.Phil. Oxford, 1970), 10–25.

Pen 118: Siôn Dafydd Rhys a'i gynorthwywyr, *c.* 1600, gw. RWM i, 718–25.

Mynegai i'r llinellau cyntaf

Mynegai i'r noddwyr a'r gwrthrychau